「近代日本」の断章

思想・政治・史学・私学・人物・解題

佐藤能丸 著

芙蓉書房出版

はじめに

私は、二〇二一年一月二八日に『「明治」の断章―思想・人物・史学・私学―』（井ノ宮久之介発行、コロニー印刷）を発表した。本書は、同書の姉妹編をなすものである。

本書は、一九七一年から二〇〇七年（二八歳から六四歳）までの三六年間に刊行され、または成稿した私の著作の内、どこにも収録または再録されていない著作の内の一部を収録したものである（と、言っても、私が二八歳から三〇歳までに発表したものが半分を占めている）。

この収録のための大体の各著作の複写は、前著の刊行後間もない頃から進めていたが、二〇二三年前半期に体調を崩し、前著一冊を携えての八月の入院・手術の中で本書全体のおおよその構想をまとめ、「はじめに」の文案もほぼ記すことができたのである。

さて、ここに収録したものは量的には大論文は一つもなく、各大学の記要類、雑誌の中論文や「研究余録」「研究手帳」に類する小論のものが多い。

これらは、いずれも「近代日本」を対象とした内容であり、思想や政治や史学や私学や人物や復刻版の解題に類するものなので、書名を『「近代日本」の断章―思想・政治・史学・私学・人物・解題―』と題した所以である。本書は、全六章・全一〇節より成っている。

〈第一章　思想〉には、伝統と近代、小野梓の思想、円城寺清、大隈重信と福沢諭吉に関する四節を配した。

〈第二章　政治〉には、「明治十四年の政変」の成稿の一節を配した。
〈第三章　史学〉には、「民間学と歴史学」の一節を配した。
〈第四章　私学〉には、「慶応義塾の経営危機」の一節を配した。
〈第五章　人物〉には、事典に掲載した「近代日本の人物」の一節を配した。
〈第六章　解題〉には、新版『島田三郎全集』の「演説」「序文」についての解題と復刻版『大隈伯昔日譚』の解題の二節を配した。

特に、解題を付した大冊本は、高価な全集類や高価な復刻本が多い。これらは、数少ない専門研究者と著名な図書館以外には一般の方々は購入することが極めて少ない。このために、一般の方々はそれらの巻末に記されている「解題」を読む機会が余りにも少ない。こうした現状のために、私は、私が執筆した「解題」の中から、日本近代史に関心を有する一般の向学家諸氏のために多少なりとも「読書案内」に供すると思われる内容のものを収録することにした。こうした収録内容のことについては、各章の「小序」を参照されたい。

二〇二四年二月二三日

佐藤能丸

「近代日本」の断章　目次

第一章 思想

小序　近代日本の思想

〈第一章　思想〉には、第一節「伝統と近代―「民権」・「国権」論から「愛国」・「汎愛」論へ、政教社を中心に―」（同志社大学法学部教授で、毎年同志社近くの別邸でミニ勉強会を重ね親交を深めて下さった西田毅先生のご推薦で、西田先生編『近代日本のアポリア―近代化と自我・ナショナリズムの諸相―』〈シリーズ・近代日本の知　第二巻〉、二〇〇一年二月、晃洋書房）に発表したものと、第二節「小野梓―近代日本形成期に「国民」像を構想―」〈シリーズ・歴史を変えた早稲田人〉（『新鐘』第五四号、一九九六年五月、早稲田大学学生生活センター）と、第三節「天山円城寺清略伝―『大隈伯昔日譚』復刻に寄せて―」（『早稲田大学史記要』第五号、一九七二年三月）と、早稲田大学大学院文学研究科博士課程に一九七〇年四月に進学すると同時に『早稲田大学百年史』を編纂する大学史編集所の創設に伴い非常勤の所員となり、その総編集者である木村毅先生の助手役となった私が木村先生の命を受けて調査して提出した小論の第四節「大隈・福沢の初対面」（『早稲田大学史記要』第四号、一九七一年三月）との四節を掲げた。

第一節

伝統と近代

――「民権」・「国権」論から「愛国」・「汎愛」論へ、政教社を中心に――

はじめに

一八九〇（明治二三）年前後までの明治の前半は「文明開化」の時代であった。大半が維新政府の官僚学者であった一八七〇年代の啓蒙思想家達は封建制度を目の敵にして「文明」（＝西欧の価値観）を日本に伝えて「無知蒙昧」の民衆や「儒教流の古老」知識人に向けて「思想の文明開化」の言論運動を展開した。次いで、その啓蒙思想に育まれて実践に邁進した八〇年代の若き思想家達の自由民権運動は「政治の文明開化」を目指すものであった。やがて、三大事件建白運動（政府に対する、屈辱外交の挽回・地租軽減の要求・言論集会の自由の保障、の三大要求の運動）で、その文明開化運動の最後の高まりを示した所謂「明治二〇年代」の初頭に近代日本は大きな分岐点を迎えた。即ち、この時期に憲法が発布され議会が開設されて近代国家としての制度と機構が確立したからである。そして、この分岐点は思想界にも、「近代日本」の時代を切り拓いてきた推進者の世代交替をもたらすことになった。

この大きな国家的転換の分岐の時期はそれまでの過去の時代を総括する気運を連動させた。そもそも「近代日本」を総括する気運は、この後、開国五〇年を迎えた一九〇四年の頃、憲法発布二〇年の〇九年の頃、明治天皇の死去した一二年の頃、憲法発布三〇年の一九年の頃、明治維新六〇年（昭和戊辰）の二八年の頃へと数年おきに続いている。だが、この一八九〇年前後の最初の総括は、近代国家を確立してきたその「近代」、即ち、結果として眼前に展開されて出来上がりつつある欧化＝近代化の日本の姿の在り方に直面して、啓蒙思想家、自由民権思想家に次ぐ第三の若い世代によって初めて纏った形でその「近代」の見直しがはかられたことが重要であり、それとともに、「伝統」の問題が提起されたことが思想的に意義があるのである。

その新世代の思想潮流は、徳富蘇峰を中心とする民友社系の平民主義と陸羯南《くがかつなん》・志賀重昂《しがしげたか》・三宅雪嶺《みやけせつれい》等の政教社系の国粋主義（国民旨義）であった。この二つの潮流は「明治二〇年代」の思想界を二分する形で、当時の政界・文明批判の急先鋒となり、論壇の寵児として知識青年に強い影響を与えた。本稿では、その中の政教社系を中心として「伝統」と「近代」の問題を、主にナショナリズムの意識を重点にして論じるものである、

一　民権論と国権論の内在

国権論と民権論

「国権」とは国家の権力と国家の統治権を意味するものであるが、この語は、明治の初年に、「民権」の語と対の形で登場してきた〃時代のことば〃である。民権論が人民の個々の権利と広範な自由とが保障さ

れてこそ初めて国家の権力が強化されて伸張されていくものである、とするのに対して、国権論は国家の権力が強化されてこそ人民の権利や自由が保たれていくものである、と主張するものである。だが、明治前半期の思想潮流の中で、民権論と国権論は必ずしも図式的にこのように明確に分かれて展開されたわけではなく、一筋縄ではいかない対語として共存していたのである。

明治の前半期においては「民権」と「国権」は人々、とりわけ、知識人の中に不可分の形で内在していた。第一世代の啓蒙思想家福沢諭吉は、「国と国とは同等なれども、国中の人民に独立の気力なきときは一国独立の権義を伸ること能はず」（『学問のすゝめ』、一八七二―七六年）と、国民個々の一身の独立こそが一国独立の基礎となることを強調して止まず、「日本は、古来未だ国を成さずと云ふも可なり。……日本には政府ありて国民（ネーション）なし」（『文明論之概略』、一八七五年）と慨嘆して人民を近代的なネーションに育成することを自己の啓蒙活動の中核とした。即ち、欧米列強に対峙して、個人の「独立自尊」と国家の独立獲得への要求がバランスを保っていたのである、そして、第二世代の自由民権家自身の中にも、「国権鞏固ナラザレバ則民権モ亦安キコト能ハザルナリ。而シテ国権ハ無上政法アツテ然後安ク、無上政法アラザレバ則危キコトヲ免カレザルナリ」（植木枝盛筆記『無上政法論』、一八八一年）と、「民権論」と「国権論」とがバランスを保って内在し、これを踏まえて、世界性を有する日本近代思想史上に意義のある「万国共議政府」と「宇内無上憲法」とが構想されていた。

「博噬攘奪《はくぜいじょうだつ》」の世界

しかしながら、自由民権論者の世界認識の中には、「眼ヲ開テ今世ノ状態ヲ見ヨ道徳以テ最強ノ権ヲ博スルニ足ラズ条理モ亦ソノ勢力ヲ逞フスル能ハス却テ皆兵力ノ支配スル所トナリテ之ニ伴従スルモノヽ如シ唯僅ニ一局面ニ矚目スルモノ或ハ文明ヲ以テ今ノ世界ヲ評スベケレトモ全局ニ就テ之ヲ視ルトキハ野蛮ノ少シク変シタルモノニ過キスシテ博噬攘奪ノ一乾坤タル真面目ヲ知了スルヲ得可シ」と認識して、国際関係の本質は弱肉強食の世界であり、それ故に、「博噬攘奪ノ世ニ処シテ以テ一国ノ独立ヲ維持セント欲スルモノ兵力ニ依ラスシテ復タ何ヲカ待タン」(箕浦勝人「琉球人民ノ幸福」『郵便報知新聞』一八七九年四月八日号)と、日本が独立を全うしつつ国際的に高い地位を占めるためには軍事力に依拠せざるを得ないとの志向も内在していた。即ち、民権と国権との序列を考えるならば、国権の軽視は断じてできないということが在朝在野を通じての支配的な共通の意識でもあった。換言すれば、この自由民権運動の展開の時期は自由民権を叫びつつも、幕末維新以来の定式であった西欧＝目標とすべき文明開化の世界という認識が、八三年の英国によるエジプトの支配権の確立、八四年の清仏戦争、八五年の英国艦隊の朝鮮巨文島の占領等々により、西欧＝「道徳」が通用せず「条理」が支配することとならない＝博噬攘奪の世界(＝軍事力を行使しての帝国主義の世界)＝国権重視との認識へと転換していく過程でもあったのである。

二　国粋主義の台頭と政教社の結成

国粋主義の台頭

こうした民権と国権とを内在している自由民権運動の全国的な高まりに直面して、「明治十四年の政変」により一〇年後に憲法を制定し議会を開設するという約束手形を切ることで国民的な運動を沈静化させて、危機を乗り越えた明治政府は、近代化の推進を欧化主義の路線でより一層闇雲に展開していった。やがて、いよいよ初めての政治的な転換期となる憲法発布と総選挙・議会開設を控えた一八八七年頃から、その「政治の文明開化」の運動の成果を目前にして、政治というものが現実味を増してきた。そして、その政治たるものの内実は当然、より国民的な広がりをもつべきである、との意見が極めて強くなってきた。即ち、「コクミン」をキーワードとする新たな「政治の季節」が到来してきたのである。

ここに登場したのが、自由民権期に私立の専門学校や官立の東京大学などの高等教育機関で近代的な学術を修得して思想形成を遂げてきた新しい世代の知識青年、前述した「コクミン」を主体とする民友社系の平民主義と「ネイション」を中核に据える国粋主義（国民旨義）の論客達であった。彼等はいずれも、この時期を「明治時代の第二革新」（陸羯南『近時政論考』〈新聞の『東京電報』『日本』に一八八八年一二月二八日—一八八九年三月三〇日連載〉、一八九一年）、「第二の維新」（『国民之友』第一五五号、九二年五月）と意義づけた。とりわけ、「コクミン」によって選ばれた代議士から成る「帝国議会の開院ありて第二の維新方さに緒に就けり」として国会開設を最も重要な分岐点と位置付けて、「一国の公是を正当の方針に向はしむること」（「歳晩に際し天を仰で絶叫す」、第一次『日本人』第六四号、九〇年一二月三〇日）を模索しようとした。

政教社の結成

一八八八年四月の政教社結成の直接の動機は、同人達一三名が、「一面は鹿鳴館に高官が戯れ、醜声の外に漏れたのに刺激され、一面は政府が保安条例を執行し、枯尾花に驚く狼狼さ加減に動かされ、余りだらしなくて仕方なく、何とかせねばならぬ」（三宅雪嶺「自分の政治関係」、第一次『我観』一九二四年一一月号）と決意して、「政府の外柔内硬に反抗し、外政内政共に国家自らの立場を考へねばならぬと云ふに思ひ及んだ」（同『明治思想小史』、丙午出版社、一九一三年）ためであるという。即ち、前年に大きな高まりを見せた伊藤博文首相と井上馨外相を中心とする「鹿鳴館外交」に象徴される極度なまでの欧化姿勢の中での井上外相条約改正交渉と、これに反対して三大事件建白を掲げる自由民権勢力による最後の大運動に危機感を抱いた政府の保安条例による大弾圧、との二つの大きな政治的失態に憤ったのが、結成の動機であると言う。ここに、当時の国民的な屈辱の感情が当代切っての青年知識集団を通じて激しく顕在化してきた、と言ってよい。彼等の登場は、多分に、国民的感情の発露であった、と見做してよいのである。

そして、この感情は、やがて、単なる感情の域を超えて、欧化主義批判、国民像の在り方、日本のアイデンティティの再発見、更に、世界的視野からの日本の国際貢献の模索、そして、日本および日本人の有する長所の再確認と可能性の追求に至るまで思想的な展開を遂げていく。換言すれば、「近代」と「伝統」の問題が抜き差しならない課題として、彼等の心を捉えていったのである。

「臣民」としての国民・「ネイション」としての国民

一八八九年二月一一日に発布された大日本帝国憲法の作成の中心であった伊藤博文は、共に憲法起草にかかわった伊東巳代治・井上毅らと相談して、伊藤の私著として公刊した憲法の注釈書『帝国憲法義解』（国家学会発行、一八八九年四月二三日）の中で、憲法第一章第一条を解釈して、「統治ハ大位ニ居リ大権ヲ統ヘテ国土及臣民ヲ治ムルナリ」と天皇の統治権を明確にし、第二章の総説で、国民を「臣民」と位置付けして「下ニ在テハ大君ニ服従シ自ラ視テ以テ幸福ノ臣民」を意味するものと断じ、士族と平民の別があった「国民」もこの憲法が発布されて「士族ノ殊権ヲ廃シ日本臣民タル者始メテ平等」となったことに意義がある、とした。即ち、「近代天皇制」としての「国体」を明確に規定した大日本帝国憲法体制がここに樹立されたのである。この伊藤を補佐して憲法起草に携わった金子堅太郎は、伊藤に命じられて発布の四カ月後に憲法の翻訳を携えて欧米の政治家・学者に批評を求めるように派遣され、英国ロンドンで日本の自由民権運動に多大の影響を与えたハーバート・スペンサーに会った時の秘話を次のように伝えている。

スペンサーが曰く、先年―明治四五年―森有礼が倫敦に公使として居つて帰国する時に私が意見を述べた。聞けば日本も段々憲法政治になるさうだが、憲法政治といふものは其国の歴史習慣に戻っては決して行はれない。それでどうか国の歴史習慣を本としてそれに欧米各国の立憲の行はれて居る精神と又憲法の条章を付加して憲法を起草するが宜からう、〔略〕日本の憲法は欧米普通のものを持つて行つたのみではいかぬといふことを私は森有礼君に進言したが、今此英訳の憲法を見れば日本の歴史が本となつて居つて我意見が政府の当路者に容れられたのを知つた、私は此憲法を見て喜ぶとスペンサーは言ふた。（「憲法制定の由来」、前田多蔵編『早稲田叢誌』第二輯、一九一九年一一月、早稲田大学）

スペンサーがこのように評価したと金子が得意げに披瀝していても、政教社の同人たちは憲法発布に際して、「臣民」に対置させて敢えて新たなる「国民」が誕生したのだと次のように力説したのである。

国民ありて国家なきもの甚だ稀なれども、国家ありて国民なきは珍しからぬことと思ふ。君主専治の国家の中には余輩は臣民あるを知れども国民あるを知らざるなり、〔略〕君主独裁制の国家に生息する人民は、之を臣民と称することこそ適当なるべしと雖ども、立憲君主制の国家の住民をば之を国民と呼ばざるべからず。（社説「日本国民は明治二十二年二月十一日を以て生れたり」、第一次『日本人』第二二号、一八八九年二月一八日）

陸羯南も憲法発布の翌日の社説で「臣民」の上に聳え立つような強権国家になることに反対して、「国民なる観念の上に安置されたる国家」を対置させて、「近世国家の基礎は単に貴族の上にも在らず、又単に各人の上にも在らず、又単に君権の上にも置かず、而して自ら君民の合同を意味する「国民」の上に坐すること」（「国民的の観念」、『日本』一八八九年二月一二日）と、日本の人民を「ネイション」としての「国民」と位置づけることを主張した。こうした主張の中には、「神聖」天皇に平伏すべき「臣民」像としての「国民」像は考えられなかったのである。

三　創造としての「伝統」

固有性の発揮は世界に貢献

幕末に生まれ、学問を儒学から始めて英学に転じ、日本への西洋文明の奔流の真っ只中で、当時としては最高の高等教育機関で所謂「洋学」を身につけて思想形成を遂げてきた政教社系の同人達は、自分達を取り囲む日本（そしてその源の東洋）の在来の思想や価値観と葛藤しながら西洋の価値観を咀嚼し、その上に新しい日本の思想を造出しなければならなかった。即ち、彼等は無批判的な西洋文化の受容という安易な思惟方式ではなく、日本の近代化を考える問題意識は、西洋本位か伝統本位かを真剣に考えながら独自の思想を構築しようとするものであった。総じて明治前半の「文明開化」の時期は、西欧の翻訳文化の時代で、西洋の政治思想や社会思想とそれらを主張した思想家の紹介の氾濫の時代であり、近代になって日本が歴史意識を喪失した最初の時期であった。その中で、日本（そしてその源の東洋）の政治思想や社会思想をはじめ広く文化の創造に連なった思想家や先達を評価しようとする姿勢はほとんど見られなかったといってよい。しかし、幕末以来の、西欧＝目標とすべき文明開化の世界、という定式が疑問視されて崩れてくると、この新しい世代の同人達は欧化的な「近代」を否定することによって、長い歴史の風雪の中で受け伝えられてきたものに目を注ぐようになり、日本の中に普遍的な価値として存在していると見做される「伝統」の存在を発見しようとしたのである。換言すれば、欧化という「近代」志向に「伝統」の意識を対峙させて、その中から新しい可能性を見出して非西欧型の日本の近代化を考えようとしたのである。

彼等同人達の「国粋主義」の主張は、そうした模索の結果に表明された「伝統」意識の表れであった。その思想は独善的で排他的な偏狭なものではなく世界性を有するものであり、同人は次のように主張している。

国粋顕彰は宇内の通義なり。国粋を顕彰して、一国の福祉を謀れば、兼ねて世界の福祉を謀るに足らん。凡そ進歩は単純より複雑に推移する所の処に存在して、幸福の増殖も単純の幸福を変して複雑の幸福と為らしむるを称するに過ぎず。一国の特質を発揮するは、世界に新元素を供給して、事を複雑にするに同し。特質あれば、固有の産物あり。東邦にして固有の産物を生出し、西邦にして固有の産物を生出し、北方の地にして固有品を生出し、南方の土にして固有の産物を生出し、互に固有の産物を出生するに於ては、世界の事件随て複雑に走り、人類の幸福亦随て複雑に赴くへし。日本の特性なる者を発揚し、工業に特性を顕はし、貿易に特性を顕はし、学術の方法に特性を顕はし、遊芸の趣向に特性を顕はし、他に多く類を見さるが如き世態の体面を作為するは、即ち新奇の物件を輸送し、大いに世界の利益を増進するに均しからすや。（社説『日本人』の革新」、同誌第五九号、一八九〇年一一月二五日）

この思想は、同様に、「国粋保存といひ、更めて国粋顕彰といふ、皆日本人が特有せる性格稟質を発揚して、謂ゆる日本人をして自から知るの明を具へしめ、全世界の文明に於て負担すべき一職分を尽さしめんとするなり」（社説「新年に際し日本人の地位を論す」、同誌第六五号、一八九一年一月六日）と言っているように、分業論の思想であり、前時代以来の職分論からの発想であった。

愛国心は「世界の中の日本人」から

このような分業論と職分論に根ざして日本人論を展開した彼等は、日本人を世界的視野から位置づけ、その固有性の発揮は世界文明の昂進に役立つものと力説した。

固より日本人は日本国の人民なり、故に日本人として日本国裡の政治、法律を改良革新に尽力奔走する是れ毫髪非難すへき事にあらず、然れとも豈に是れよりも一層々の壮宏高大なる意想なかるへけんや。壮宏高大なる意想とは何んぞ、即ち独り日本国裡の日本人たりとの思想を懐抱するにあらすして、大世界上の日本人たりとの思想を懐抱せさる可らす。嗚呼日本国裡の日本人たる思想や、真個に狭矮細窄なる保守旨義なり、大世界上に於ける日本人たる思想や、好望有為なる進歩旨義なり。〔略〕人あり曰ふ、果して子が言の如くんば、愛国心を如何せんと。是れ何にの言ぞ、蓋し愛国心の湧生するは競争に起因す、〔略〕真性の愛国心は日本国裡の日本人てふ思想に淵源するにあらずして、大世界上の日本人てふ思想より胚胎し来らんことを。（社説「大世界上に於ける日本人」、同誌第六九号、一八九一年三月二四日）

彼等の愛国心は、このように世界性から捉えた主体的な日本人論の中から生まれたものであった。

「愛国」と「汎愛」・「同異剖析《ほうせき》」と「是非甄別《けんべつ》」

以上のような国粋主義の思想が凝縮された形で発表されたのが三宅雪嶺の『真善美日本人』（政教社、一八九一年三月）であった。その刊行の二週間前の論文で雪嶺は、「自国を守りて、我が殊別の固有性を顕はすことは、即ち世界を顕はす所以なり、何となれば自国亦た世界の一部分なればなり、此の如く、互に其固有性の新分子を出せば、以て他に推し及ぼして次第に複雑となり、以て幸福をして進歩せしむ、是れ愛国と汎愛と相伴ふ所以の点なり。」（「愛国と汎愛」、『天則』第三編第八号、一八九一年二月一七日）と述べ、この単行本の表紙には次のような文言を大書しているのである。

　自国の為に力を尽すは世界の為に力を尽すなり、民種の特色を発揚するは人類の化育を裨補するなり、護国と博愛と奚ぞ撞着すること有らん。

そして、本文の中で、次のように明記しているのである。

　異なれる境遇に於ける異なれる経験より獲得せる極めて多くの異なれる事理を彙集し、同異を剖析し、是非を甄別し、以て至大の道理に帰趨するは、真を極むるの要道なり。既に称して日本の国家と曰ふ、其の人当さに人類世界に於て真を極むるの一職分を担はざるべからず。

　雪嶺には新しいものを創造していくためには、伝統に根ざしていたり、さまざまな知恵の結晶であったりしている多様で異質のものが競合し錬磨し合って結び合わなければならないとの認識があった。そして、その採長補短の姿勢には、各国におけるさまざまな「長」（＝固有性）〈転じて、西洋の価値観〉を検討し、異質の採るべき価値を学ぶことによって、却って殊別の固有性（＝国粋）〈転じて、不断に創造すべき日本の伝統〉を堅固なものに再構築していくべきではないか、との考え方があった。こうした考え方は、「伝統」とは、単に目の前に「ある」ものではなく、それまでの伝統と葛藤して異質の美点を採り容れつつ伝統を不断に創造していくという、実にクリエイティブな人々の主体的な営みの所産である、との認識に連なるものであった。そうした主体的な態度こそが世界文明の創造の一翼を担うに至るものである、と確信していたのである。従って、こうした定式に合致する「国民」が求められ、「独立独行天地に愧ぢざるの人たらんと欲せば、己れが天与の特能を涵養して創造の能を発揚し、他人の糟粕を嘗むるを以て満足する模倣奴隷者となるべからず」（社説「余輩同志は如何なる主義を執りてか運動すべき」、同誌第一一号、一八八八年九月三日）と、「特能」を最大限に伸ばした創造的で自立的な精神を具備した国民の育成を急務としたのである。憲法発布に際して力説した「国民」の誕生とはこうした国民像を含意していたものであった。彼等が西洋「近代」に向き合いながら日本の固有性の発見（再評価・再認識）を模索した時に、「伝統」を如何に「近代」に接木するかに腐心し、葛藤した結果に提示したのが、固有性を尊重して伸ばそうとする国粋主義であった。

雪嶺はこうした考え方に基づいて、本書で、「日本人の能力」を考察して、体格は欧米人には及ばないが、智力では、紫式部・曲亭馬琴・伊能忠敬ら文化その他の分野で著しい貢献を果たしてきた歴史的人物を挙げて、「強大なる能力を表示せる人物、極めて其人少しとせず」と力説し、日本人は蒙古人種であり、「二十世紀より後は蓋し蒙古種に取りて好望の世なり、而して日本人に取りて亦尤も好望の世」と述べて、日本人には世界文明の発展に尽力し得る能力が厳として備わっている、と強調したのである。次いで、真（学術の分野）・善（正義の分野）・美（芸術の分野）の三分野に分けて「日本人の任務」を具体的に述べて、日本人の今後の世界の文明の発展に寄与すべき道を模索したのである。この主張に対して、哲学者の哲学館教授清野勉は、「現今蒙古人種の数、優にアリアン人種の上に出づ。此れを思ひ彼れを想へば、我れ何ぞ彼れが下に出でん、彼れの下に出づる近時境遇の然らしむる所なる歟。著者の活識よく之れを洞破し。外尊内卑の陋習を掃蕩す。其の立論、痛快、激揚、余輩をして歎じて又歎ぜしむ。」（「三宅氏の日本人」、第一次『日本人』第七〇号、一八九一年三月三一日）と、共感の弁を寄せて批評している。

このように、日本および日本人の有している秀れた長所としての固有性（国粋）を発揮伸張することによって普遍化への道（世界文明への貢献）を探ろうと試みたのが『真善美日本人』の世界であったが、雪嶺は、本書の二カ月後に『偽悪醜日本人』を発表して、長所の反対に、日本人の欠点を痛烈に指摘批判して、その修正を試みようともしている。雪嶺には、独善的な民族の優秀性のみを誇示するような考え方は執るべきではない、との信念があったのであり、こうしたバランス感覚の豊かさもこの時期の国粋主義の特徴の一つでもあった。

国粋主義への共感

以上のような世界性に連なるナショナリズムの論理を表明した政教社系の同人達は、「革命者に非ずして、改革者たらさる可からず、顚覆者に非ずして修繕者たらざる可からず」（志賀重昂『日本人』の上途を餞す」、第一次『日本人』第一号、一八八八年四月三日）との政治的スタンスを堅持しようとした。それ故に、「余輩は模倣主義の盛なるを見て、国粋論を唱導するの必要を見たり。〔略〕真正の進歩なるものは、国家固有の秀質を萎微せしめずして、兼ねて外邦の美質を移植するにあるものなることを暁りたらんには、余輩豈に国粋論を唱道するの必要を見んや。真正の進歩とは、秩序の整然たる進歩を称するものなるべし」（菊池熊太郎「新保守党なる名称は熨斗付きの儘返却すべし」、同誌第二八号、一八八九年七月三日）と、破壊的で無定見な姿勢で進められる西洋本位の「進歩」には反対であった。こうした同人達の主張は、やがて読者の共感を集め、京都在住の一読者に次のように言わしめている。

国粋主義は欧州主義と全く反対の地位に立てるに非ず、敵と云はんよりも寧ろ味方と云はんのみ、〔略〕保守主義の時代は去りて而して欧州主義の時代来る、之をこそ真の反動と云へけれ、如何となれは、前者は唯日本あるを知りて而して西洋あるを知らず、後者は唯西洋ありを知りて而して日本あるを知らされはなり、〔略〕国粋主義の時代は、已に前の二時代を過来りたれば、此に国粋を以て、確乎不抜の基礎を立て、而して公平誠実の眼を以て、日本にまれ、西洋にまれ、長を取り短を捨て、之に由りて以て益国粋を発達せしめんと欲す、〔略〕国粋主義は、是等偏頗の主義にあらず、向後日本の国是を作るべき、一定不偏の主義なり、寧くんそ国粋主義を以て欧州主義と反対の地位に立てるものとせんや、寧くんそ国粋主義を以て、欧州主義反動勢力の余響となさんや、（在京都　天舟漁夫「誰か国粋主義を以て反動の勢力となす」、同誌第二八号）

「国家固有の秀質」に「外邦の美質」を接木しようとする採長補短の姿勢をベースにして日本のアイデンティティを構築していこうとの国粋主義は、やがて広島に『安芸津新報』、岐阜に『美濃新報』という国粋主義を主張する新聞を誕生させていった。また、一青年をして、「余輩青年の荷も社会に立て事業を為すに至らは、国粋主義を標準として、運動することに決意」（紀伊天籟生「国粋保存主義の気焔」、同誌第三五号、一八八九年一一月一八日）させるまでに至った。更に、「他国の得て倣ふ能はさる国家特殊の元気を振興し、一国秀粋の長所を顕彰し、以て他国に卓絶する所以の実を揚げざるべからず。〔略〕国粋主義の今日の此隆盛を来たすに至りしものは、奮然決起率先して満天下に木鐸となりし政教社々員諸君の功労にあらずして何ぞや」（箕洲漁史「余輩の旨義」、同誌第五〇号、一八九〇年七月三日）というような共感の声が挙げられるようになり、中央の論壇の政教社系の知識青年の思想運動が地方の青年たちへと波及していったのである。

「日本景観美」の発見

日本の固有性の一つを美観の特異性に求めたのが同人の志賀重昂であった。志賀は、『日本風景論』（一八九四年一〇月）を著して、漢文体の名文な筆致で、日本の地理的環境を科学的に分析して、この問題を論究したのである。日本の風景の「粋」を瀟洒《しょうしゃ》・美・跌宕《てっとう》から説き起こして、春夏秋冬の美しさと豪放な台風を論じ、それまでの箱庭式の古典的風景観を一蹴して、風景の美意識に変革をもたらした。そして、地理的環境の特殊性が生み出す景観の美を、「海外の人、談会々秋問彩色の多種多様なる事に及ぶや、輙ち北亜米利加北部の森林を説き、且つ独逸の山中に於ける槲《かしわ》属植物の黄葉を艶称す、而かも其の種類極めて些少〔略〕十七種二変種の槲属が一斉に黄葉する日本の秋色と比観すべきにあらず。宜べなり欧米の秋色を謂ふ者、一たび日本の秋を看るや、忽ちにして撫然自失する」と、多彩な紅葉の美しさを強調するなどして、その美を欧米先進国に比べて世界に冠たるものとしたのである。

志賀は、「皇天の洵美たる国土を日本民族に賜与」したことに最大の感謝の意を払って、日本固有の景観美を発見して、この美を国民共有のものへと鼓吹することによって、日本人の精神的な国土愛の紐帯の一つにしようとしたのである。

四　「近代化」批判

労働問題

政教社の同人達が、国粋主義の思想を世に訴えていた一八九〇年前後は、政府が強力に殖産興業政策を推進し、産業の近代化が急速に展開されている段階であった。しかし、八七年から翌年にかけて「高島炭坑坑夫虐待事件」が発生し、九〇年には、前年秋の米が大凶作で米価が約二倍に騰貴したために北陸地方を中心に米騒動が頻発し東京には餓死者も発生して不況を呈して最初の資本主義的恐慌が勃発しているのであり、九一年の第二帝国議会では田中正造代議士が初めて足尾銅山の鉱毒被害について政府に質問するなど、この頃は、労働問題・都市貧民問題・公害問題が出揃ってしまう時期であったのである。これらは、いずれも日本の資本主義（産業の近代化）が確立を迎える中で、その構造的な特質が社会問題となって顕在化してきたものであった。

政教社は、こうした社会問題に直面して、果敢な論陣を張った。三菱経営の「高島炭坑坑夫虐待事件」に際して、八八年六月から機関誌『日本人』で大々的な炭坑夫救済のキャンペーンを展開したのである。三宅雪嶺は、「奴隷虐待とて人を牛馬同様に取扱うは、前代異域の悪弊と思ひゐたるに、今は我国第一の炭礦と称せらるゝ肥前の高島に存するなり。〔略〕高島炭礦舎が三千の奴隷を虐待するは、正当の工業を妨碍せんとするものなり」（「三千の奴隷を如何にすべきや」、第一次『日本人』第九号、一八八八年八月三日）と、三菱を激しく糾弾し、今外三郎は、「殖産興業の大目的たる民を利し民を福する者なれば、工業盛なるに従ひ虐待を蒙むるの坑夫其数を増すが如きは、以て之が目的に達したりと云ふ可らず。〔略〕人命を損じ人権を侵して唯其結果あるを望むが如きは、余輩産業発達の為に執らざる所也」（「高島炭坑」、同誌同号）と、民生と福利を無視し、これを犠牲にして、人命と人権を侵しての生産第一主義の産業の近代化は許すことができなかったのである。

足尾鉱毒事件キャンペーン

古河鉱業経営の足尾銅山の鉱毒事件に際しては、主として新聞『日本』で被害農民に対して支援の論調を展開し、世論形成に重要な役割を果たした。特に、一九〇一年の後半から一二月の田中正造の天皇への直訴を経て翌年前半に至る鉱毒反対闘争の昂まりの時期には多くの社説・論説や現地臨検記等を掲載している。そして、鉱毒事件を人命問題と捉えて、行政当局の怠慢を痛罵して止まなかったのである。中でも、田中の直訴直後の社説「帝国議会の価値」では、田中氏は実に是を以て議会を見限りしなり。〔略〕世人は其の挙動の穏かならざるを責むるも、曩きに彼が議会に疾呼したりし時よりもより多く感動に打たれたるの形あり、今の文明時代に文明流に議会に訴へずして、封建時代の旧態に依るの却て人を刺撃するの多きは、豈に議会の腐敗して其の論議する所の真面目と看られざるが為めならずや。田中氏は最も議会に経験ある者の一人、而して議会を棄てゝ他の路に出でんとし、人も亦た之れを寛恕して異まざる、議会の価値の下落したる亦た甚だしい噫《ああ》（『日本』一九〇一年一二月一二日）。

と、愚直なまでの田中の戦術を「文明」に「封建」を対置させて論じつつ、「国民」の代表機関たる議会の怠慢を極めて強く非難したのである。

とりわけ、三宅雪嶺は、一九〇七年六月の谷中村強制破壊の現地を妻の作家三宅花圃と島田三郎らとともに視察し、その最期の貴重な光景を、臨検の警察官の制止の中で、問題となるべき時期には発表しない、として自分で四枚の写真に収め、二〇年余後の一九二六年二月に主宰する『我観』第三七号に掲げるなど、終始政府や古河の対応に痛烈な批判を投げ続けたのである。

特恵資本批判

政教社の同人達は、こうした社会問題に強く反応して救済の論調を展開したが、「高島炭坑坑夫虐待事件」の源は「石炭」であり、「足尾鉱毒事件」の原因は「銅」である。そして、一方は三菱、他方は古河という国家から手厚い保護を受け続けている特恵大資本が相手であった。石炭と銅は生糸とともに、日本の資本主義推進の歴史において最も重要な外貨獲得の手段に供された貴重な品目で、それらの増産に次ぐ増産の過程で、大きな労働問題・社会問題が生起されていったのである。

そうした中で、政教社の同人達は、下からの産業の発展を応援し、特恵とは無縁な自主的な在来の資本を国家富力の淵源と捉えて、これらを擁護していくという立場をとったのである。換言すれば、産業における欧化政策という近代化に村して国粋主義の路線をとって、これに反対したのである。即ち、欧化政策の先端に位置付けられる特恵資本三菱の労務管理に反対したのと同様に、古河資本の鉱毒垂れ流しにも批判の論陣を展開したのである。これら大資本によって切り捨てられる存在と化する炭坑夫や鉱毒被害流域の農民達の地道な直接生産者等に救済の言動を展開したのは、彼等の国粋主義が決して文化面のみの主張ではなかったことを物語っている。

おわりに

前節において、政教社の思想運動が地方の青年達へと波及していき、自分達の主張が歓迎されてきたとのことを紹介した。だが、同人達は未だ、

頭を回らせば、前三四年なりき、西洋尊崇の気風は蓬々して満天下を捲尽し、世人挙りて西洋尊崇の好夢を夢み西洋崇拝の囈語《げいご》を語るや、余輩同志自ら揣《はか》らす、身を以て犠牲となし、微力を極尽して国粋保存の大旨義を唱道せしに、天下余輩の衷情を憫《あわれ》むもの少からすして、遂に今日あるに至れり。今や西洋尊崇の熱気頗る退き、国美を重じ、国粋を重するの風、朝野の間に勃起せしも、細かに其の由りて来る所を探究すれば、憮然たるもに《ママ》豈に決して鮮少なりとせんや。彼の判官の法庭に臨むや、身には古代の服を纏ひ、頭には古代の帽を戴き、何にとなく奥ゆかしき所あり、然れど其の之れを用ゆるに至らしめたるは、抑も何の刺激せし所ぞ、曰く西洋の習慣に刺激せられ、坐ろに其の風を模した

るに外ならす。何となれば西洋に在て法官の法庭に臨むや、皆彼国上代の衣服を着けて其の威厳を装ふにあらすや。今、我れの之をなす、亦た彼れの顰に倣ひ、彼れの胡蘆を画くに過ぎす、於戯《ああ》其の表面や、真個に煕々として日本的、国粋的なるも、其の内心は乃ち純然たる西洋尊崇の外に出づるを得す。〔略〕於戯我が日本民人は自主的精神なき民人なり（社説「攘夷的精神」、第一次『日本人』第七二号、一八九一年五月二六日）

と、開陳しなければならなかったのである。皮相的でその根源の精神を学ぼうとしない外来文化摂取の姿勢が続く限り、その後の日本にもこうした「自主的精神」を欠如した「国民性」の指摘が慨嘆の思いを込めて繰り返されていくのである。

（二〇〇一年二月発表）

第二節

小野　梓

――近代日本形成期に「国民」像を構想――

小野梓は早稲田大学創立の最大の功労者である。だが、僅か三十三歳一〇カ月で死去している。政治と学校の両方にわたって、小野を最も頼りにしていた大隈重信は、その死去に直面して、「我が輩は両腕を取られたよりも悲しかったんである」といって嘆いた。早逝したにもかかわらず、「早稲田学風の源泉」と位置付けられて、今日に至るまで学苑関係者に尊崇されつづけてきている小野梓とは、いったい何者なのか。

小野梓の三大事業

小野は、幕末の一八五二年に土佐藩家老伊賀氏の宿毛《すくも》に生れ、戊辰戦争に参加して明治維新を体験した。上海に渡り、中国を旅行し、米英に留学して法律・銀行制度・理財・会計を学んだ。板垣退助らが「民撰議院設立建白書」を提出して自由民権時代が始まった一八七四年に帰国した。

新進の知識青年小野は、共存同衆という思想・学術団体を組織して幅広く啓蒙・評論活動をするとともに、七六年に法制局に出仕して政府の役人となった。太政官・元老院・会計検査院の少壮官僚として活躍するうちに瞬く間に頭角を現わした。西郷隆盛・木戸孝允・大久保利通の維新の三傑亡き後の政府の実力者大隈重信に重用され、その重要なブレインとなっていったからである。

しかし、八一（明治一四）年大隈や伊藤博文・井上馨・黒田清隆などの政府部内で、国家構想（憲法と国会開設）をめぐって対立が起こり、これに北海道開拓使官有物払下問題が加わって政変（明治十四年の政変）が勃発した。その結果、大隈が政府より放逐されたため、小野は同志とともに大隈に殉じて下野したのである。

これより死去するまでの、四年三カ月の短い間に、小野は三つの事業を企て、痔疾と結核による喀血をくりかえし、業半ばにして、燃焼して果てるのである。

この三大事業とは、小野の掲げた三つの理想を実現するための方略であった。理想の第一は、国民的政党を組織することによって近代的な立憲政治を実現させること、第二は、「学問の独立」を主張して私学により近代的な立憲国民を育成すること、第三は、これらを支え前進させる糧としての良書普及活動を行うことであった。第一の理想を実現するために大隈・島田三郎・矢野文雄等と立憲改進党を結成し、第二のために大隈・高田早苗・天野為之・市島謙吉等と早稲田大学の前身東京専門学校を創設して、いずれもその中心的役割を果たし、第三のためには、自ら店主となって東洋館書店を創業した。小野は、これらをほぼ同時期に行い、それらの理想実現のために邁進したのである。

思想家としての小野の特質

自由民権朗に活躍した政治家や思想家は大変多い。しかし、日本の将来を、現実感覚で、幅広く見据えて議論を展開し、国家構想を提示した政治家や思想家は極めて少ない。

自由民権運動は、近代国家としての日本の「機構と制度」をいかに構想するか、即ち、どのような国家形態を選択するか、という「選択の争い」であった。その意味では、この運動は、機構と制度の枠組みを具体的に示す「憲法」と「法律」をいかなる内容で制定するべきかという攻防であったということが出来る。だから、自由民権運動の研究は、はじめ法制史の専攻者などから着手されたことにも、その特色の一端が窺える。

ほとんどの自由民権論者が、「機構と制度」について、きわめて熱心に、急進的、漸進的あるいは守旧的にと、さまざまな政治的思惑を抱いて論じ、その構想案を、結社として、または個人として提示してみせた。しかし、実は、その「機構と制度」を活かす「人」の問題を閑却にしていた、と私は思う。すなわち、機構や制度を充分に機能せしめるか否かは、帰するところは運用する「人」次第である。この「人」というものを、どのように考え、育てていったら良いのか、ということに思い至らなかったのである。やや乱暴に言うならば、民権論者たちは「法」をめぐって争って、「国民」像の構想を欠いたままで近代日本の国家構想を考えていたというわけである。機構や制度というものと、あるべき人間像というものを一体にして考える視点や態度を欠落させていた、というのが私の自由民権運動評価の中で最も辛い部分なのである。

小野　梓

この点からみると、小野の場合は、傑出した民権論者であった。多くの民権論者がこの時期に「憲法構想」（私擬憲法）を発表しているが、その中で、長期にわたり書きつづけ、最も体系的に憲法を構想してみせたのが小野の『国憲汎論』全三巻（構想は一八七六年五月から開始し、八二年十二月〜八五年九月に刊行）で、法理論と解釈・運用と問題点を詳論するスタイルで憲法構想を実に具体的に提示したその浩瀚な著作の末尾に、「立憲国民の具備すべき六質を論ず」という最終章をおいているからである。この章は当初の草稿には無かった章である。小野は最後になって、憲法を活かすも殺すも「人」次第であるということに気付き、このことが最も重要なことであると、世論に強く訴えたかったに違いない。

また、小野は、実現不可能と思われる時期に、その不可能なことを実情を無視して無理な形で貫徹しようとする姿勢を採らなかった。思想というものを単に犬の遠吠えや口舌の輩と呼ばれてしまうような形で表明したりはせず、常に、理想とする思想が実現されることを視野に入れて行動した。換言すれば、「思想の制度化」を心がけて発言し、行動し、その「理想」を追求し、実現に向けて努力した「思想家」であったということができる。こうした「思想家」を、実は、近代日本は余り多くはもってはいないのである。

構想した「国民」像

では、小野が期待した「国民」とはどのような人であったのか。それは、「独立自主の精神」「愛国の公心」「多数の所決に聴従するの気風」「政治の改良前進を謀るの性質」「方便と手段とに依て社会の事を処するの性格」「憲法を固執する実力」（『国憲汎論』下巻、第四十七章）を有する国民であった。

小野は言う、「六個の性質は立憲の国民たるものの当然に保有すべきものにして、苟《かりそめに》も其の一を欠くあらば以て立憲の国民たるに足らず、憲法を立て国会を開き立憲の制度夫れ備はるといえども遂に其社会を利せざるなり」（同上）と。この六個を得てはじめて自分の構想した憲法に魂が宿る、としたのである。小野は、こうした国民の育成こそ、現下の急務であり、その育成の場として、東京専門学校が位置付けられていたことは言うまでもない。

ところで、この中で、五番目の「方便と手段」の条は、小野の政治手法とその立場を明確にしたものである。信頼し合った終生の友人で、自由党の理論家馬場辰猪は、死ぬまで、「頼むところは天下の輿論、目指す仇は暴虐政府」（英文『日本政府の状態』）と叫んで、抵抗権と革命権を是認し続けた。しかし、小野は、「抑も急激に一国の世態を変換するは吾人の好む所にあらず」（「明治協会の発会を祝す」）として、「急躁過激所謂る破壊の主義を実行せんと欲するものは、徒らに社会を撹乱し大に其進歩を妨碍するもの」（『国憲汎論』下巻、第四十七章）と断じ、これを退けて、政治の改良前進には、「その手段は順正にして、その方便は着実なるべき」（「余が政事上の大主義」）ことを求めた。馬場の急進論に対して、小野は現実的な方策を採用して、漸進論の姿勢を執ったのである、小野は、そのためにも、「人」の在り方を極めて重要なものと位置付けて、右の如き国民像を求めたのである。

感銘を与えた教員小野

大隈重信は東京専門学校を設立したとはいうものの、自分が政党党首であったため、「学問の独立」を守るためにも、長い間意識的に直接学校にはかかわらなかった。このため、小野は大隈の代行者として学校経営の実務を行なった。そして、先の三大事業の激務の間を縫って、木曜と土曜日に全学生の科外講義として「日本財政論」「国憲汎論」を講義したのである。加えて、『読売新聞』の「雑譚」（社説の前身）も書きつづけていたのであるから、まさに超人である。

こうした三十一、二歳の若さの、現職の政党幹部で、出版社主で、新聞で世論をリードしているバリバリの少壮教員の講義が、学生たちに強い影響を与えて止まなかったのは勿論である。当時の小野が、学生たちの「敬慕」を一身に集め、「学生を吸引する中心点」であった、との証言は少なくない。特に、文字どおり血を吐きつつ心血を注いで執筆した『国憲汎論』が完結し、これを教壇に持参して示し、熱意を横溢させて展開した時の「満面喜悦の情」の講義は、聴講した学生に深い感銘を与え、後々まで学生間の語りぐさとなっていたという。

本年は、小野の没後百十年に当たる年である。

（一九九六年五月発表）

第三節

天山円城寺清略伝

――『大隈伯昔日譚』復刻に寄せて――

今年は本学創立九十周年にあたり、設立者大隈重信没後五十年記念がこれに重なっている。これを記念して、当編集所では今春大隈の半生自伝『大隈伯昔日譚』を復刻して、明治資料の一端を学界に供したばかりである。

ところで、この『大隈伯昔日譚』はよく知られているが、この執筆者である円城寺清についてはは全くといってよいほど知られていない。伝記も勿論ない。円城寺は財政経済記者として、明治三〇年代に『万朝報』等でいわゆる日清戦後経営をめぐる一方の論客として、憲兵制度廃止・府県廃合論など思い切った論説を展開したジャーナリストであった。

われわれが円城寺を知ることができるのは、おそらく東京経済雑誌社『新訂版　大日本人名辞書』(昭和一二年一月刊、増訂十一版)、平凡社『大人名辞典』(昭和二八年九月刊) の記載と母校早大の『早稲田学報』第六二四号 (昭和二七年十月刊) 中の「早稲田大学人物史」によるものぐらいであろう。この三者は内容からみて、ともに円城寺の死去を報じた『万朝報』(明治四一年十月二一日号) の『円城寺清氏逝く』

に依拠したものと察せられるが、もとより簡略なものである。そこで、このたびの『大隈伯昔日譚』復刻に寄せて円城寺についてやや詳しい略伝を記してみたい。

学生時代の天山

円城寺は大隈重信と同じく佐賀県出身である。明治三年（一八七〇）十一月生れで、本籍は佐賀県小城郡晴田村字晴気一二一番地である。その地は標高一〇四六メートルの天山のふもとであって、これに因んで「天山」と号した。天山の次男で『帝劇二十年』などの著がある演劇評論家円城寺清臣氏の筆者への直話によれば、郷里における幼少年時代のことは不明であるが、中学時代学校でかなりの活躍をしたとのことで、放校処分のようなものをうけ、この間の事情を某新聞に小説の形で投稿したとのことである。ほどなく上京し、明治二二年十二月十一日、早稲田大学の前身東京専門学校の邦語政治科（英語兼修）に入学した。幸なことに在学中の成績が残っているので左に掲げておこう。

（明治二十三年七月執行学年試験評点表）

邦語政治科第一年級

上古	原論	通論	刑法	国家	経史	中古	平均	順位	姓名
75	90	75	80	85		100	84・17	3	円城寺清

英語兼修科第二年級

教育	ヘスチング	ラム	英文指針	万国史	平均		姓名
100	100	100	95	60	91	優	円城寺清

（明治二十四年七月執行学年試験評点）

邦語政治科第二年級

国法	財政	英法	考証	応用	日本憲	平均	姓名
100	89	100	98	100	92	96・5	円城寺清

兼修英語科第三年級

憲法	代議	翻訳	平均	順位	姓名
50	95	85	76・7	3	円城寺清

（明治二十五年七月学年試験評点表）

邦語政治科第三年級

心理学	行政学	法理学	為替	財政	統計	銀行	総点数	平均	順位	姓名
82	77	98	70	95	80	65	567	81	18	円城寺清

（早稲田大学『昭和四年一月調、学籍簿』七冊之一）

右の通り優秀な成績を残している。天山の在学中の動向は全く不明であるが、あるいは既に何らかの政治的活動または言論活動を開始していたかも知れない。天山は明治二五年七月十五日、邦語政治科四四名の一人として得業（卒業）した*1。

『大隈伯昔日譚』の刊行

東京専門学校を得業した天山は直ちに『郵便報知新聞』に入った。この新聞は大隈派の新聞で、当時犬養毅・鳩山和夫・尾崎行雄らの錚々たる面々が紙面を飾っていた。天山は「天山生」「天山居士」の筆名で、「弁護士会則は認可すへからす」「千島艦審件に関する閣相の言動如何」などを掲げていたが、その名を江湖に広めたのは二六年四月一日号より連載されていた大隈重信の半生自伝『大隈伯昔日譚』の筆録者に急遽抜擢されてからであった。この筆録者はじめ斎藤新一郎・矢部新作と続いてきたが、矢部が病痾の侵すところとなったため、替って筆録を担当することになったのである。天山は早稲田の大隈邸に赴き大隈の言を口述筆録することに全力を注ぎ込んだ。明治二六年九月一日号の第一〇九回（「宗教問題」第一回）より同二七年十月十三日号の第二九六回（「征韓論の破裂」最終回）までが天山の筆録に成るものである。天山はこれに改竄添削を加えて内容を統一させて一巻にまとめ、翌二八年六月十五日、立憲改進党党報局より公刊した（刊本では新聞連載一回分が追補されて完結）。これは極めて名文の筆致で書き貫かれており、天山の筆力が最大限に生かされている。大隈の人となりをいささかも損することなく正確にしかも名文を以て伝えることに成功したため、大隈は天山の筆録の確かさとその文才を愛し、信を注ぎ、天山自身も本書によって言論界にその名を高めることができたのである。

ところで、この連載中、思わぬ飛び入りがあった。『東京経済雑誌』第七一五号・第七一六号が抱月庵主人「薩長人討幕の心事（大隈重信氏の談話を評す）」を掲げたのである。天山は早速『郵便報知新聞』明治二七年四月八日・十一日号で、「大隈伯昔日譚に対する駁議に答ふ」と題してこれに応じている。

「大隈伯昔日譚」連載完結直後、天山は折からの日清戦争にともなう臨時帝国議会の開催地たる広島に特派員として派せられた。紙面には十月十七日号より「臨戦地境に入る」以下の特電が載り、次々と議会関係報告が展開されていった。しかし、天山は二七年いっぱいで『郵便報知新聞』より離れた。これは立憲改進党党報局に迎えられたからである。

政党人としての活動

天山の政党人としての活動は資料の上では二九年三月の進歩党結成以後にめざましいが、もとよりそれ以前より開始されていたであろうことは想像に難くない。卒業半年後には既に院外民党の有志の一人としてその名が見えている*2。

立憲改進党党報局での任務は、その主幹として党の機関誌『立憲改進党党報』の発行であった。天山はここで党勢の拡張に努め更に二九年三月の進歩党結成に際しては政務調査委員として党務に専念している。傍ら産業資本主義の確立を標榜した『東洋経済新報』の記者をもつとめた*3。のち、三一年五月、政府の増税法案を葬ったことを機にして自由・進歩両党が合同して憲政党が組織されるや、同じくその機関誌『憲政党党報』の編集を主宰することになった。党人として地方遊説にも奔走し、東京支部の常務幹事ともなった。ところが同年八月二二日、文相尾崎行雄が帝国教育会で「共和演説事件」を起したため、寄り合い所帯の党内事情から、その後任人事をめぐって自由・進歩両派がみにくい争奪戦を演じ、憲政党は結党わずか四ヵ月余にして十月に分裂してしまった。自由党系の憲政党、進歩党系の憲政本党への分裂後は勿論憲政本党の陣営に属し、ここでも『憲政本党党報』の主任記者となった。天山は機関誌担当として地味ではあるが党勢拡張の要となって常に舞台裏で活動していた。

だが、天山の党人としての最もはなばなしい活動は、特に三一年十二月に展開された超然内閣たる山県内閣の地租増加案に対する反対運動の時であった。十二月三日、第十三議会の開院式が行われたが、この議会では三二年度の予算が可決されたほか、「戦後経営」の一環として租税収入の増加をはかるため多数の租税関係法案が可決された。これら増税案に対しては世論の反対が強く、ことに「田畑地価修正法律」は議会において最も激しい議論の的となったものであったが、その大部分が原案どおり可決されたことをめぐり、これに関する政府の裏面工作が醜聞となって伝わった*4。天山はこうした日清戦後の政府の増税政策に対する反対運動の急先鋒となって、神鞭知常・高田早苗・山田烈盛らと共に、十二月八日地租増徴反対同盟会を組織し、山県内閣を激しく糾弾した。同盟会の推進ははじめ同志記者倶楽部であり、十二月一日山県内閣と憲政党（旧自由党）との提携を非難する決議を行い、「一、吾人は断して地租増徴に反対す。一、前項の意見を遂行する為め地租増徴反対同盟の組織に尽力すべし」として、憲政本党・中立団体・貴族院の各団体及びこれらの院外諸団体等に向って交渉がなされ、成立したものであった。これに精力的に動いた天山は、紅葉館における発起会のありさまを自ら、「十二月八日は恰かも是れ山県内閣が地租増加案を衆議院に提出したるの日、増徴反対の同志は貴衆両院議員を始め其他の各団体及び院外の有力者等先を争ふて来会するもの無慮二百五十余名、意気何れも天を衝き、一として山県内閣の暴戻を憤慨せざるはなし。」*5と記している。天山は富田鉄之助・江藤新作・山田烈盛・末永純一郎と共にその常任幹事となり、山県内閣の政策を得意の財政経済の知識を駆使して、熱弁と筆をもって徹底的に攻撃し、袂を分った板垣一派をも大いに難詰した。

日清戦争後の「戦後経営」の課題は、議会にあっては絶対主義と政党との妥協と提携であった。こうした中での天山の行動は憲政本党の一員として、野党の論客として自他ともに任じていたのである。天山の戦後経営論は、次の『万朝報』時代に引きつがれていった。

『万朝報』記者

明治三二年二月、天山は直接の党務から離れて、黒岩涙香（周六）の『万朝報』論説記者となった。ここでも主として財政経済を担当した。『万朝報』は題字の上に「趣味と実益との無尽蔵」と冠し、特にその痛快さが青年層をはじめとして多くの読者を引きつけ、東京第一の有力紙を誇っていた。天山は、『万朝報』が論説陣を強化した際に特に迎えられたのであって、ここで幸徳秋水・堺利彦らと共に縦横の筆を執った。日本の資本主義は明治三十年代に入って労資の階級対立をようやく顕在化させて来たが、天山はこうした情勢を背景に、民主主義的な論調を展開し、その死去まで『万朝報』紙上で活躍することになったのである*6。

天山の論調は終始政府の財政施策に対する糾弾に満ちており、紙上の論説にはこの種のものが夥しい。そうした財政経済の論調は、特に「地租全廃論」（三十六年二月十八日号〜同三月十日号）とその姉妹編たる「財政整理案」（同三月二八日号〜同四月五日号）の長論文でいかんなく発揮されている。両論文は共に増補訂正の上、三六年四月に哲学書院から刊行された。同僚記者である秋水幸徳伝次郎は『地租全廃論』を評した文中で、「殊に地租問題の知識に至ては、方今新聞記者及び政党者流、能く君の右に出るなしと称せらる、宜なり『地租全廃論』の一たび出る、世間視て近来稀有の大産物となし、大文字となし、大経綸となして、嘖々措かざることや、是れ豈に不敏の敢て容喙し得べき所ならんや」（「読地租論」）*7と記し、天山の操觚界きっての財政通を明言している。この両論文に対する賛否はさまざまであったが、天山は両論文の中で、「地租は課税上の原則に適せず」「地租は地方自治の財源に充つべし」「地租は農業改良の資本に供すべし」「地租を廃して農民の痛苦を減すべし」「地租は臨時非常の財源に備ふべし」と主張し、地租全廃に代わるべき財源としては、財政整理に依るとして、その要綱として「経費節減」「政費分画」「税法改正」の三点を挙げている。具体的には、府県廃合・台湾守備兵補充廃止・憲兵廃止・陸海軍経常費節減・監獄独立・一般行政経常費節減、国庫補助減廃・土木事業費等削減・台湾経費補充全廃止、所得税率累進・財産相税《ママ》増加・絹布税新設・酒類製造取締・葉煙草専売事業改正・森林事業改良・鉄道事業独立経営・公債借換などであった。

『万朝報』は日露戦争前夜、対露強硬論の世論の中で、幸徳秋水・堺枯川・内村鑑三らの反帝国主義の論調を展開し非戦論を主張していた。しかし、三六年十月十二日、社論の大勢が日露開戦是認に傾き、幸徳らが退社した後、天山は主戦論の立場に立って、朝報社の柱石として残った。これは次に述べるように「対露同志会」のメンバーたる天山としては当然のことであった。

行動する言論人

天山は明治三二年二月より四一年十月の死まで『万朝報』で時事を評論すること十年にわたったが、この間、具体的な行動は不明ではあるが、幾多の実際の政治的社会的活動に参画していたことが知られる。明治三〇年代に入るや、日本は急速に発展してきた資本主義によって生み出された新興の産業資本家・小ブルジョア層の政治的自由の要求が顕著となってきたが、こうした彼らの要求を反映し、その代弁を展開したものは政党（代議士）・新聞雑誌記者・弁護士等の急進的な知識人であった。明治三二年十月に黒沢正直らによって東京で組織された「普通選挙期成同盟会」（翌年十一月、「普通選挙同盟会」と改称）も、こうした性格を有するもので、天山もこれに参画した。『万朝報』自体が『二六新報』とともにこの機関紙的役割を果たしていたため、天山も自由主義的な政治家や新聞記者及び社会主義者と行動を共にしたのである。しかし、具体的な実際行動は不明である。

他に、「支那保全」「対露強硬外交」を主唱した近衛篤麿らの「国民同盟会」（明治三十三年〜三十五年）、その後身とも言うべき「対露同志会」（明治三十六年〜三十八年、日露開戦を主張し、世論喚起・政府への働きかけの活動を展開）の一員として対露主戦陣営の論客として行動した。また、講和問題同盟連合会、同志記者倶楽部、国民後援会等の有力メンバーとなり、丁未倶楽部にも関係した*8。こうした活動の中で比較的その動向がわかるのは「政界革新同志会」である。天山は島田三郎・石川安次郎（半山）らと明治四〇年三月に「政界革新同志会」を創設した。この発端は、石川半山「政界革新同志会」*9によれば、「近年帝国議会の腐敗堕落は、在野の志士をして奮起せざるを得ざらしめ、此の公憤は凝って一団を成した、政界革新同志会即ち是れで有る」。即ち、第二三回帝国議会の開会中に維新倶楽部・江湖倶楽部・国民倶楽部・国民作新会・猶興会・鶴鳴会・同志会・国家社会党・同志記者倶楽部の九団体が一致して発足させたものであった。二月十二日の芝公園三縁亭での初会合で、天山は島田三郎の開会の辞、諸氏の演説のあと今後の運動方針について動議を起し、以後、会の強力な推進者としてその準備に東奔西走した。三月五日の発会式では、会の名称を「政界革新同志会」と称し、委員を設けて会務を処理することを決し、次で決議案に入った。「其の一、政界の腐敗堕落益々甚だしく朝野私利に狂奔して一切の公事を忽諸に附す是れ実に憲政の一大危機也吾人は全国の同志と共に其の弊竇《へいとう》を掃蕩せんことを期す。其の二、府県会議員及び衆議院議員の総選挙は国民を覚醒し政治教育を普及せしむべき無二の好機也、吾人は全国の同志と共に選挙の神聖を擁護し以て政界革新の目的を貫徹せんことを期す。」（石川半山「白雪の中に生れたる政界革新同志会」）*10決議案が満場一致で可決され、十五名の常任委員が選出された。天山は石川安次郎・大竹貫一・蔵原惟郭らと共にこの委員に就任し、活動を開始することになった。まず、東京で最初の演説会が三月十五・十六・十七日の三日間、神田錦輝館で催された。天山は十六日に「議会本然の責務」と題し、河野広中ら五人と共に熱弁をふるった。この運動の波は大阪に及び、三月三十一日大阪政界革新会の結成（砂川雄峻、宮武外骨ら）を促した。次で、東京勧業博覧会の開催に際して全国の新聞記者が上京したので、政界革新同志会は四月四日芝公園紅葉館に記者達を招待し大懇親会を開いた。この日の天山は、「円城寺清氏は次で立てり、政界革新同志会成立に至れる経過を報告し、其の朗々たる音吐を以て、曩に決議したる活動の方法を朗読するに及んで、喝采盛に起る」（石川半山「政界革新同志記者大会」）*11と報道され、『仙台河北新報』『北国新聞』『名古屋新聞』『中国民報』『牟婁新報』『芸備日日新聞』等々のいずれも気節あり剣よりも鋭い筆を有する全国の記者に対して現下の危機を訴えた。これより各地の新聞紙上には政界革新の声が高まり、この会合はその発火点の役割を果したのである。四月、五月はこの政界革新同志会が最も多忙で且つ最も活動した時期であったが、天山も四月中郷里の九州に帰省した際、各地の有志の間に遊説し長崎を中心として同地方の同志が大いに奮起する契機をつくり出した。

天山は行動する言論人として終始し、その活動には実にめざましいものがあった。しかし、明治四一年十月十五日、突然盲腸炎におそわれ、五日間打臥したあと薬石の効なく、二十一日順天堂病院で死去したのである。既に言論界にあって柱石を以て任じていたとはいえ、未だ満三八才の若さであった。天山の関係者は皆こぞってその死を痛哭し、各各衷心の傷情を記している。これらは同時代人の天山評でもあり、また、天山に関する資料も少いので本稿の記述の欠を補う意味からも、そのいくつかを掲げて結びとしたい。

追悼文に見える天山評

『太陽』（浅田江村）＊12

（略）天下能文の士多く能舌の士亦頗る多し、言論に雄なるもの何ぞ一人天山を数へん。天山に取る所は其筆舌の能にあらず、剛健の意志に在り、高邁の気慨に在り、要するに滔々才子の域を脱して堂々国士の風格を具備したる所に在り。操觚界才人の少きを憂とす。而して天山は実に不才人党の重鎮なりき、蓋し彼の憂とする所亦実に此処に有りしなり。故に嘗て時流に没頭したることなく、一家の主張を頑強に主張して渝る所なかりき。僕亦平生窃かに不才人たるを期す。天山に推服する所以、主として此処に在り。天山体力強逕、半生の健康同人に冠たり。図らざりき斯人の訃を今日に聞かんとは。而して年歯未だ不惑に上らず、自ら期する所は尚ほ多望なる前途にありき。今や倏忽《しゅっこつ》として逝り万事休す。（略）

『万朝報』（黒岩周六）＊13

（略）円城寺清君ハ朝報社の柱石であった、編輯の主人であった、明治三十七年、日露の間に葛藤起り朝報社が主戦論を唱え出して以来、円城寺君ハ朝報社の魂であった。（略）明治三十二年の初、円城寺君ハ朝報社に来る前、進歩党々報の記者であった、党報に財政の議論が現はれた、之を読む人々、皆驚いて、如何なる老成の大政治家が斯くの如き卓論を草するで有らうと怪み問うた、豈図らんや其の論者ハ当時三十歳の青年記者円城寺清君であった、円城寺清の名ハ在朝在野の具眼者をして後世畏る可しとの感を懐かしめた。（略）君の演説ハ其の論文と同じく今の世の逸品と崇められた、言々句々熱誠が迸しって、聴者に至大の気呵を与へた。孰れの内閣、孰れの政治家も一の円城寺清を大なる敵国の如く思うて居た。

（略）

『早稲田学報』（学長高田早苗）＊14

（略）君は我東京専門学校に遊び学績優秀其逸才と超識とは夙に儕輩《せいはい》の推す所たり業を畢るや筆を報知新聞進歩党党報に執り、後朝報社に入りて社論を担当し又我校評議員として学風の発揮校運の進展に尽瘁す。君の詞鋒雄健論陣堅実事の表裏を刺徹するもの十有余半今や漸く精熟の境に入り其修養と抱負とは更に大に世上に活動せんとするに際し不幸にして長逝す。（略）予は予の同僚校員と共に茲に謹んで衷心の傷情を致す。英魂尚くは焉れを亨けよ。

『報知新聞』＊15

（略）氏は佐賀の人なり早稲田専門学校に遊び卒業後我が報知新聞に入りて筆を執りしが大隈伯昔日譚の如きは筆致簡勁にして最も喝采を博せり（略）

『東京経済雑誌』＊16

（略）氏は操觚者として縦横を揮ひたるのみならず、夙に政界革新に力を致し、数々論壇に立ちて雄弁を肆にし前途大に嘱望せられつゝありしに、今や溘然去りて復らず悼むべき哉。

註

＊1　「東京専門学校第九回得業証書授与式」、『中央学術雑誌』第四号（明治二五年八月十五日）五一～五四頁。

＊2　『立憲改進党党報』第三号（明治二六年一月二〇日）、「時事」欄、四五頁。

＊3　『明治二十九年度東京専門学校年報、付校友会名簿』一九頁。

＊4　内閣官房編『内閣制度七十年史』六四頁（昭和三〇年一二月刊）

＊5　円城寺『地租増加反対の理由及反対運動の顚末―付、自由党（憲政党）堕落の顚末』二五頁（明治三二年一月、発行者田中基臣）。
＊6　『万朝報』に関しては、西田長壽『明治時代の新聞と雑誌』（昭和四一年一一月、至文堂刊）二四一頁参照。
＊7　『万朝報』明治三六年三月二〇日号〜同二七日号。のち、「地租全廃論を読む」と題して『地租全廃論』に付録として収録。
＊8　「円城寺清氏逝く」、『万朝報』明治四一年十月二三日号、第一面。
＊9　笠井作三編『島田三郎君演説、政界革新論』所収。（明治四〇年七月、東京毎日新聞社刊）。以下これによる。
＊10　同前。
＊11　同前。
＊12　第十四巻第十四号（明治四一年一一月）、二四頁。「時事評論」欄「円城寺天山逝く」。
＊13　「円城寺清君を弔ふ」、明治四一年十月二二日号、第一面。
＊14　第一六五号（明治四一年一一月五日）五九頁。「早稲田記事」欄「高田学長の弔辞」。
＊15　「円城寺清氏逝く」、明治四一年十月二二日号（夕刊）、第三面。
＊16　第五八巻第一四六二号（明治四一年十月二四日）四〇頁。「雑報」欄「円城寺清氏逝く」。

〔追記〕

天山は足尾鉱毒事件救援の推進者の一人としても活躍していた。被害が深刻なものとなり社会問題となっていた明治三一年一月に、天山は現地に乗り込んで演説している。運動の最大の指導者であった田中正造はその日記の一月五日条に「館林町に鉱毒演説あり、東京より来る。円城寺清高橋秀臣二氏と来る。聴衆五千人。」（木下尚江『田中正造之生涯』二二二頁、昭和三年八月刊）と記している。

（一九七二年三月発表）

第四節
大隈・福沢の初対面

はじめに

明治文明史上、いや近代日本史上の人物中より「巨人」を選び出すとしたならば、一体誰が衆目の一致した巨人として当選するであろうか。

政治家大隈重信、文明思想家福沢諭吉は、この選挙に真先に当選する人物であり、万人が巨峰視し仰ぎ見る巨人であり、極論するならば、大隈・福沢のほかにほんの一二の人物を除いて他はいずれも当選圏内に入りこそすれ、当選確実にはほど遠いものと言わねばならないであろう。

では、大隈・福沢両人の出会いはいったいいつ頃のことであったのか。他の人物はいざ知らず、この両巨人の初対面を調べること自体が明治政治史・教育史上極めて興味深いものであり、かつ重要なことであることは、これまた衆目の一致するところであろう。私は本日まで、福沢自身の証言の中に、大隈との出会いに言及した文献を、ついに見出し得なかった。従って、以下に引用する文献はいずれも大隈自身の回想に拠っているものであることをことわっておきたい。しかし、調査の際、一応目を通した文献を本稿末尾に掲げておくことにした。

大隈・福沢の初対面

研究者による従来の大隈・福沢の出会いを記した基本的な文献を掲げ、その典拠と照し合わせて、両人の初対面の時期を検討してみよう。

大隈の正伝たる『大隈侯八十五年史』（大正十五年十一月〜十二月、同編纂会刊）の第三巻々末の「大隈侯八十五年史年表」には、明治十一年の条末尾に、

　是年国会開設問題に関連して福沢諭吉と初めて相知る

とある。この典拠は明らかではないが、史料的にはおそらく福沢からの大隈宛書翰の最初のものが明治十一年十一月廿九日付のものであることに拠ったのであろうと思われる。すなわち、これは「明治十一年説」と言うことができよう。

『文書より見たる大隈重信侯』（渡辺幾治郎著、昭和七年八月、早稲田大学出版部刊）では（四二六頁）、

　福沢と我が輩と知り合ひになつたのは、別に動機は無い、誠に偶然であつた、……僅か明治七年頃だと思ふ、何でも或る所で、別に意味のある企てではなかつたが、議論家や、学者の会合があつて、一夕今でいふ懇親会の催しがあつた。案内を受けて行つて見ると、その席に福沢も出てゐた。話して見ると面白い、向ふでも一寸変つてると思つただらう、忽ちにして百年の知己のごとく懇意になつた。

と、続昔日譚を引用して、「明治七年説」を表明している。この続昔日譚とは『大隈侯昔日譚』のことで、これに拠る限り、大隈・福沢の初対面は明治七年頃と結論づけられる。

しかし、『早稲田外史』（木村毅著、明治三九年四月、講談社刊）は（一一七頁以下）、やはり大隈白身の言としての、

明治六年まではトント、先生《（福沢）》に会つたことがなかつたのだ。……ところが明治六年であつたと思う。上野の天王寺へんの、薩摩人の宅で落ち合うことになつた。……そのとき吾輩は三十五六、先生は四十になるかならぬかだ、これは福沢だ、これは大隈だというので引き合わされて名乗りあつて、だんだん話しこんでみると、元来傾向が同じであつたものだから、犬猿どころか存外話が合うので、けんかはよそう、むしろ一しよにやろうじやないかというわけになつて、それから大分心やすくなつた。

を引用し、「明治六年説」を掲げている。本書は出典を明示してはいないが、文面は『大隈伯社会観』、『吾輩の社会観』中の大隈の言と同一であり、従ってこの二書に依る限り（と言っても、この社会観の二書は書名が異るのみで内容は全く同一である）、明治六年ということになる。

さて、大隈は以上のように、福沢との初対面を、自ら明治七年頃、または明治六年と明言し、研究者も各自それぞれに拠っているわけであるが、このほかに大隈はも一つ異なる回想を残しているのである。それは、福沢門下で『時事新報』記者となり後三井の事業に参画した箒庵高橋義雄が福沢を繞れる諸名士を歴訪して福沢に関する種々の所感を聴取した際大隈をも訪れ、大隈がそのインタビューに答えた時のものである。

この名士より聴取した直話録は、「福沢先生事績探問録」（高橋義雄稿）として、昭和七年刊行の『福沢諭吉伝』全四巻（石河幹明著、岩波書店刊）の処々に引用せられているが、後昭和九年十月、岩波書店より『福沢先生を語る　諸名士の直話』（高橋義雄編）と題され初めて公刊されたものである。このうちの大隈の直話は、

『福沢諭吉伝』第四巻収録（七四五頁）では「先生と大隈　大隈重信談」、『福沢先生を語る 諸名士の直話』収録（一頁以下）では「福沢先生を語る　侯爵　大隈重信直話」と題されており、字句にほんの若干異同があるものであるが、重要な史料なので、両書より福沢との出会いの個所を次に掲げておこう。

「先生と大隈」　大隈重信　談

「我輩が先生を始めて知つたのは、明治四年の暮か五年の始めと思ふが、廃藩置県の実施された後であつた。一度知り合つてからは非常に懇意になつて、先生が我輩のところへ来ると、家内共まで懇意になつてゐるから一緒に晩飯を食べることもあつたが、先生は酒が強く食事は長いから、且つ食ひ且つ話して夜も更ける。ところで膳を片付けようとすると、まだ〳〵といふ風で家内を相手にして酒を飲んでなか〳〵よく話をしてゐました。政治上の話などは、此家の奥にある一室で家内が酌をしながら話をするやうなことが多くありました。」

「福沢先生を語る」　侯爵　大隈重信　直話

「吾輩が福沢先生を始めて知つたのは、明治四年の暮か、五年の初めで、廃藩置県の実施された時であつたと思ふ。一度知り合つてからは、非常に懇意になつて、先生が吾輩の処へ来ると、家内共まで懇意になつて居るから、一緒に晩食を食べる事もあつたが、先生は酒が強く食事は長いから、且つ喰ひ且つ話して、夜も更ける処で、膳を片附けようとすると、未だ〳〵と云ふ風で家内を相手に酒を飲んで、却々良く話し込んで居つたのである。殊に政治上の秘密談は此家の奥にある一室で、他人を入れないで、家内が酌をしながら話をするやうな事が多かつた。先生は吾輩から見れば先輩で、吾輩も先生に依つて、色々と利益を得た事がある、例へば此早稲田の学校の出来たのも、吾輩が先生と交際して居たからと言つても宜かろう。併し吾輩は最初から教育には深い趣味を持つて居た、吾輩は長崎に居た頃から、聊かながら私立学校を持つて、人に教へて居つた事がある、唯吾輩は福沢先生の如く学問して居る余暇を持たなかつた、今日より見れば犬養や尾崎のやうに、政事上の議論をして奔走して居た者で、当時の不良少年であつたかも知れぬ、夫れで自分は学問をする事を得ぬが、教育には趣味を持つて居たので、福沢先生の如きは、自分の学問を人に伝えると云ふ教育の仕方であるが、吾輩は自分に学問がないから学者を集めて生徒を教育させて見たいと云ふ訳で、詰り学校を起して教育を楽むと云ふ点に至つては同一である。そこで先生と交際するやうになつてから、教育に就いて色々研究を重ねたので、到頭学校を起す事になつたのである。」

そこで、右の大隈の直話に従えば、「明治四年～五年説」ということになるわけである。これは今まで採り得た大隈自身の証言中、福沢との出会いでは最も早い時期ということになるのである。

ここで、これまで検討してきた出典その他を図式化すると次のようになる。

（明治四～五年説）

「福沢先生事績探問録」……………………『福沢諭吉伝』

＝

『福沢先生を語る 諸名士の直話』

（明治六年説）

『大隈伯社会観』
『吾輩の社会観』 }……………………『早稲田外史』
『大隈重信は語る――古今東西人物評論』
『人間大隈重信』

（明治七年説）
『大隈侯昔日譚』……………………『文書より観たる大隈重信侯』
（明治十一年説）
？……………………………『大隈侯八十五年史』

右の中で「明治十一年説」は明らかに誤りであるとしなければならないが、「明治四〜五年説」「明治六年説」「明治七年説」は、いずれも当事者大隈自身の証言に拠るものだけに、各自それなりに真実性のあるものとしなければならないのである。元よりこれらは後々の回想であり、記憶の不正確さを考慮に入れなければならないが、かと言って決して真実性の薄いものではない。

福沢側に史料の見出せぬ現在、大隈と福沢の出会いは、廃藩置県の実施された「後」または「時」の明治四年暮頃から五年の始めにかけての時期、と定めてよいと私には思われる。各説に二三年のズレがあるが、そのうちの最も早い時期にしておくのが妥当と思われるからである。

だが、大隈・福沢は知り合ってからすぐに親近な間柄になったというわけではなかったようである。その交際が極めて頻繁なものとなり、懇意な間柄となったのは明治十年代に入ってからであり、十一年頃からは相互の邸を訪問し合うようになったとのことであり（『文書より観たる大隈重信侯』四二七頁）、特に「明治十四年の政変」以後は公私にわたって格別に親しい関係となったことは衆知の通りである。大隈・福沢の終生にわたる交流の跡を追うことは重要なことであるが、これはまた別な角度から論ぜられる必要があると思われる。

参照した諸文献

『大隈伯演説集』（早稲田大学編輯部編纂、明治四十年十月、早稲田大学出版部刊）
『開国五十年史』全二巻、附録（大隈重信撰、明治四十年～四十一年、同発行所刊）
『大隈伯百話』（江森泰吉編、明治四十二年六月、実業之日本社刊）
『大隈伯社会観』（立石駒吉編、大正三年五月、修学堂書店刊）
『大隈伯演説集 高遠の理想』（早稲田大学編輯部編、大正四年五月、早稲田大学出版部刊）
『大隈侯一言一行』（市島謙吉著述、大正十一年二月、早稲田大学出版部刊）
『大隈伯昔日譚』（松枝保二編、大正十一年三月、報知新聞社出版部刊）
『巨人大隈侯』（後藤又男著、大正十一年三月、中央出版社刊）
『吾輩の社会観』（大隈重信述、大正十一年三月、大鐙閣刊）
『隈傑閑話』（池田林儀編、大正十一年三月、報知新聞社出版部刊）
『早稲田清話』（相馬由也編、大正十一年、冬夏社刊）
『大隈侯八十五年史』全三巻（同編纂会編、大正十五年十一月～十二月、同編纂会刊）
『福沢諭吉伝』全四巻（石河幹明著、昭和七年二月～七月、岩波書店刊）
『福沢先生を語る 諸名士の直話』（高橋義雄編、昭和九年十月、岩波書店刊）
『慶應義塾百年史』全五巻（慶応義塾編、昭和三十三年十一月～三十七年八月）
『福沢諭吉全集』全二十一巻（慶応義塾編、昭和三十三年十二月～三十九年二月、岩波書店刊）
『大隈重信は語る――古今東西人物評論』（木村毅監修、昭和四十四年四月、早稲田大学出版部刊）
『福沢諭吉論考』（伊藤正雄著、昭和四十四年十月、吉川弘文館刊）

（一九七一年三月発表）

第二章　政　治

小序　近代日本の政治

〈第二章　政治〉には、第一節「明治十四年の政変」のみを掲げた。この論考は、前章の小序で記したように、早稲田大学大学史編集所で木村毅先生の助手役となっていた私は、木村先生の大隈重信が明治十年代の政府の中で大きな転換期に直面し、明治前半期政治史の中で最大の事件である「明治十四年の政変」について、その政変についての推移を克明に調査してレポートを提出するようにとの命を受けて、その際の一九七三年二月一〇日稿と記して提出した論考である。ここに収録したのは、先生に提出した控えである。実は、この提出した論考に先立って、この論考に参考となる「明治十四年の政変史料」（典拠を明記した五一点の史料）を一九七一年一月に先生に提出しており、そして、三月一六日にも当時の参議（山県有朋・黒田清隆・山田顕義・井上馨・伊藤博文・大隈重信・大木喬任の七人）が天皇の命により提出した意見書の克明な内容の分類などを記した「諸参議憲法意見一覧」をも先生に提出したのである。これらは、いずれも現在も控えとして保管している。

第一節

明治十四年の政変

はじめに

明治維新後の近代日本は幾度となく大きな政治的危機に直面した。ここに取りあげる「明治十四年の政変」も、明治政府がその確立の過程において最も緊張して対処した難関であり、その政変の過程はそのまま近代日本の政治の複雑で多面的な性格を最も初期の段階において集中的に表現したものであったと言い得るのである。即ち、明治初頭の日本には封建制度と欧米ブルジョア文明の摂取とのあまりにも大きな気圧の差から近代国家建設の構想をめぐって、必然的に大小の台風が吹きすさぶことが免れなかったのである。「明治十四年の政変」は明治前半期政治史の中で最大の事件であり、まさに激甚そのものであった。従って、そこにはさまざまの矛盾が露呈されたが、その解決はやがては日本の政治を近代官僚政治の道へ、そして藩閥政治を展開せしめて、外見的立憲政治樹立の道へと転換せしめる契機となっていった。こうした点で、われわれはこの政変のもつ歴史的意義の重大さをあらためて認識し直さなければならないのである。

本稿はもとより「明治十四年の政変」の過程を極めて概観的に素描するものであって、新資料を駆使して新見解を提示しようとするものではない。言わば、公刊されている現史料をできるだけ利用し、従来の諸研究に依拠しつつその整理を試みようとするだけにすぎない。従って、当然のことながら、叙述に当って参照した研究諸文献も代表的なものに限定せざるを得ず、更にまた、上層支配者層内部における政治勢力の動向を中心としたものであることを断っておきたいと思う。

近代日本史を専攻する者にとって、「明治十四年の政変」を整理しておくことは、各人に課せられた基本的作業の重要な一環であるとの認識から、敢てこの報告を試みる次第である。

尚、本稿作成にあたっては、公刊されていない原史料は諸研究者の論稿に紹介されているものを活用させていただかざるを得ず、この点諸先学の労作に対して深く謝意を表しておきたいと思う。

一、政変前の大隈・伊藤・井上

明治十年（一八七七）五月に木戸孝允、九月に西郷隆盛が、そして翌年五月に大久保利通がそれぞれ異った形で没した後、政局の担当はおのずから大隈（肥前）・伊藤（長州）の掌中に帰し、伊藤には同郷の朋輩たる井上馨が雁行していた。この三者は、かつての大隈の築地梁山泊時代以来互に肝胆相照らす仲であった。史論史家三宅雪嶺は三者の関係とその特徴を評して言う。

大隈も、伊藤も、井上も、均しく我意の強きが上、均しく外交通と財政通とを以て居り、各々自ら得たりとし、他を凌がずんば甘んぜず。伊藤と井上と同郷にして心腹の友、互に他の長短を知りて相ひ補ふ所あり、一人にてこそ大隈に勝ち難けれ、二人が並び出づるや、攻守共に頓に強きを加ふ。

（『同時代史』第二巻、七七頁）

この三者はまた共に互に競争意識を有し、その政治的立場にも微妙な点があったが、ともかくここにトリオを形づくっていたのである。そして、太政大臣三条実美・左大臣有栖川宮熾仁親王・右大臣岩倉具視が、彼等をはじめとする各参議の上に位置していたのである。

明治十三年（一八八〇）の内閣における最重要事は内閣と諸省卿分離問題であった。この問題は前年暮から紛糾していたものであり、折からの在野における国会開設運動に対応する政府の危機意識を反映した体制強化の方策の一つであった。しかし、その裏には当時大隈が参議兼大蔵卿として最大の勢力を有していたことに対する大隈排撃の意図がかくされていた。この問題は伊藤の発意であっただけに、大隈・伊藤の関係は既に微妙なものとなっていたことは事実であった。加えて、この年は西南戦争以後における財政的・経済的混乱が最高潮に達した年であり、自由民権運動はこの面からも大きな盛り上りを示していたが、大隈はこうした政情の中で自己の政治行動を薩長二大藩閥を機軸としている現政府の改造に集中させ、これが種々の形となって表面にあらわれ、そうした行動のことごとくが、やがては「明治十四年の政変」に結びついていった。

さて、この大隈・伊藤・井上のトリオには共に共通する友人として福沢諭吉があった。大隈と福沢との出会いは廃藩置県後の明治四年（一八七一）の暮か五年（一八七二）の初め頃からであったが、ともかくこの四者は十三年（一八八〇）十二月より新聞発行という具体的問題で会合することがあり、福沢を除くこの参議三人は十四年（一八八一）初頭の一月段階では、遅速に相違があったとはいえ議会開設の不可避なることを確認し、政府の手で議会を開設することに意見の一致をみていた。

当時の一人である福沢自身にこの件に関して語ってもらおう。

（明治十三年）十二月廿四五日の頃と覚ふ、大隈の宅可然、老生も出張せよとの事に付、彦次郎（中上川）の案内にて同宅へ行たり。行けば則ち主人大隈と伊藤井上の三参議の在るあり。（略）井上君発言して云く（略）今の新聞なり演説なり唯民心を煽動して社会の安寧を妨るの具たるに過ぎず、去迚は今の外国交際の困難なる此時節に当て、内に牆に鬩と外に侮を受るの不始末、まことに憂ふ可きに非ずや、此憂は民間の学者も在朝の官吏も共に與にする所なれば、即ち同憂同志に非ずや、就ては今回政府に企る所の新聞紙は云々の趣向なれば之を引受けよとて、一ト通り之を述べられ、大隈伊藤の二参議も異口同説、何卒コノ席にて応否の返答あれかしと頻りに勧められたれども、老生の一身に取りては随分小事ならざれば、応否を決答せずして別を告げたり。

（明治十四年十月十四日付伊藤・井上宛福沢書翰、『福沢諭吉伝』第三巻、七一頁〜七二頁）

かくしてその後、福沢は翌十四年（一八八二）一月、井上のもとに新聞発行の依頼を謝絶しに行った際、かえって井上より「驚駭したる程」の打ち明け話しをもたらされたのである。それは議会開設の方針という重大内意の吐露であった。福沢は言う、

何分にも政府の主義を決するに非ざれば御談しなれども御断り申す外無之云々と述べたれば、井上君容を改めて云く、然ば則ち打明け申さん、政府は国会を開く意なりと。老生は之を聞て実は驚駭したる程の事にて、先づ以て其英断美挙を賛成し……（同上書、七三頁。傍点佐藤）

議会開設の決意を聞かされ、これを「英断美挙」として賛意の表明を惜しまない福沢に向って、井上は更に語をつづけて次のようにも語った。

今の政府の内情を見よ、事を企て事を行ふ者は我輩三名（大伊井を云ふ――原註）にして鹿児島参議の

ごときは傍観者に異ならず、唯の傍観者なれば亦可なりと雖も、自家の利害に関する事に至ては則ち蹈止まりて屹然動かず、其の勢力決して軽少ならず、以て施政の遅滞を致す、枚挙に遑あらず、国会開設論なども容易に合点す可に非ず、某参議の如き国会は百年の後と云ひ、又一参議は三十年の後と云ふが如き、誠に言語に絶へたる語なれども、朝に説き夕に談じて遂には其同意を得るに至るの日も亦遠きに非ざる可し、（略）都て此度の事は伊藤大隈の二氏と謀りて固く契約したものなれば萬々動く可きに非ず。

（同上書、七三頁～七四頁）

このような井上の確言を聞き、福沢は三参議の議会開設への決意の確固なることと二人の盟友の緊密な結びつきを知って、即座に新聞発行辞退を翻意して、発行への協力を積極的に承諾するに至ったのである。何よりも「政府は国会を開く意なり」の一点が福沢を動かしたのであった。ところが、

（明治十四年）四月頃と覚ふ、諭吉伊藤君の宅を訪ひ、兼ての新聞紙の事は如何なりしやと尋ねたれば、君は却て諭吉に向て其事情成行を問ふものゝ如し。（略）此時の談恰も主客相反するが如くにして諭吉の胸中には少しく不審を起したり。

（同上書、七六頁～七七頁）

これは一体どうしたことなのか。右の福沢の書翰に明らかな如く、わずか四カ月余りで早くも新聞発行の問題が主客転倒する事態に至ったのである。福沢は昵懇の三参議の強い要請で政府の言わば前向きの御用新聞発刊の計画に協力を惜しまずその準備まで進めていたのであったが、肝心の伊藤・井上の側が一向に要領を得ず、福沢自身その後督促を重ねたが、結局のところ、伊藤・井上の背信により中絶の止むなきに至ったのである。

福沢は「四月頃」このように御用新聞発刊問題の裏に「少しく不審」を感じとったのであったが、では、三参議の他の一人大隈の動向は一体どうであったのだろうか。

二、大隈重信の憲法意見書

明治八年（一八七五）四月、漸次立憲政体の詔勅が出されたあと、九年（一八七六）九月には元老院に勅語を下し国憲按の起草が命ぜられ、早くも同年十月に国憲第一次草案が、十一年（一八七八）六月に第二次草案、十三年（一八八〇）七月には第三次草案がそれぞれ作成されていった。しかしながら、これらに対して岩倉・伊藤の強い反対が起り、ついに十三年十二月に第三次確定案は形式的には上奏されたとはいうものの、実際には不採択として葬り去られていたのであった。このような元老院草案に対する不満のため、他方において、この元老院国憲按とは平行する形で別箇に諸参議に対して独自の憲法意見を建議せしめることとなし、十二年（一八七九）十二月に山県有朋が上奏文の体裁で提出したのを皮切りに、黒田清隆（十三年二月）、山田顕義（同年六月）、井上馨（同年七月）、伊藤博文（同年十二月）の五参議がそれぞれの構想と内容をもって提出していた。しかしながら、こうした悠長な諸参議の提出の中にあっても、筆頭参議の大隈は一向に提出する模様がなかった。このため、有栖川左大臣宮の督促するところなり、大隈が憲法意見の建議書を奉呈したのは十四年（一八八一）三月のことであった。その経緯を岩倉は次のように記している。

上大隈ノ建言ナキヲ以テ左府公ヲシテ是ヲ促サシム大隈辞シテ曰ク私ハ口頭ヲ以テ言上仕リタシ書面ニテハ真意貫徹シガタシ且世上へ漏伝ノ恐レアリ云々　上答ヘス其后

上再三左府公ニ命シ是非書取ニテ可差出トノ御内諭アリ於是大隈建言書ヲ差上ゲタリ十四年三月大隈左府公ニ申出ルニ殿下ノ外ハ御同列ニテモ此建言書御示シ被下間敷ト堅ク申出タリ（傍点佐藤）

（「岩倉具視日記」、『大隈重信関係文書』第四巻所収、二五一頁、～二五二頁）

すなわち、有栖川宮より督促を受けた大隈は、口頭を以て直接に言上したい、書面では真意貫徹し難く、また、漏洩のおそれもあるとして辞退していたのであるが、再三書面による建言を督促されたので、三月に至ってはじめて長文の意見書を宮へ提出したのである。この時、大隈は特に宮に対して右のように「御同列」への他見なきよう要請したのである。この件を岩倉は他の覚書に、大隈は宮に対して「外大臣参議等へ御示シ無之旨」を申し添えたと記している（「座右日歴覚書」、『岩倉具視関係文書』第一巻所収、九七頁）。この「外大臣参議」「御同列」とは、三条太政大臣・岩倉右大臣・伊藤以下の全参議を指すものであり、大隈が右のように自己の憲法意見書を両大臣及び各参議への他見を許さないよう特に願出た点が後に事態をこじらせ、大隈陰謀説の起因するところとなり、「明治十四年の政変」を起す発端となったのである。

大隈の国会速開の意見書は、三月に左大臣へ呈出し、左大臣が太政大臣及び右大臣に示して叡覧に供し、伊藤が右大臣より聞き、太政大臣に乞ひ、御手元より借覧せるは六月の末にして、伊藤が幾月も知らざりしは、大隈を以て密奏せりとし、薩長参議が大に怒れる所以なり。大隈は三大臣の信任を得たるを信じ、之を得たりとして可なるも、岩倉は表面にこそ何事もなけれ、裏面は往々測り難く、大隈が其辺に気付かざりしは確かに手落ちなり。（傍点佐藤）　（三宅雪嶺『同時代史』第二巻、一四四頁）

さて、この問題の大隈意見書が有栖川宮へ提出された時期は十四年三月十一日あたりのことと推測される（『熾仁親王日記』巻三、明治十四年三月十一日条に「一、大隈参議・伊太利国家代理公使、並、通訳・山尾工部卿来入、面晤之事」とある）。ところが、受け取った宮自身がまず内見して、その内容の「躁急」さに驚いた。この後の経過を岩倉は覚書に次の如く記している。

左大臣ヨリ大隈建議ヲ三条及余両人限リ内示アリ其后余大隈ニ向ヒ足下ノ建議左大臣ヨリ両大臣限リ

ニ内示セラレ一見セシ処余ノ意見ト大ニ異ナル旨ヲ話ス同氏曰ク時勢今日ニ迫リ姑息ノ法ハ行ハレズ譬ヘハ門ノ片扉ヲ開ケハ一時ニ群入スル如シ寧ロ両扉ヲ開キ内ハ百官有司一途ニ力ヲ盡シ外国会家（ママ）ニ先達テ国憲ヲ実行セラルヽヲ今日ノ適当トスル云々ノ意見ヲ陳ブ余思フ事アリ再ヒ問フ足下ノ主義ハ伊藤ノ論ト異同如何ン大異無シト答フ（傍点佐藤）

（岩倉「座右日歴覚書」、前掲書九七頁）

岩倉は六月中旬頃、右の如く大隈に会って伊藤の構想とは「大異無シ」との言質を得た上で、三条に対して大隈意見書を伊藤に内示するよう進言したのである。

其后条公ニ面会シ大隈ト問答ノ事ヲ陳ベ大隈伊藤両説大異無之由故大隈建議書ハ伊藤限リ内示致置テハ如何哉ト内談ス条公ニモ之ヲ同意セラレ右建言書御下ケヲ願ハレ公ヨリ伊藤ヘ内示セラル尤伊藤ヘハ他ヘ聞見無之旨ヲ堅ク告グ

（同上書、九七頁～九八頁）

伊藤は前述した如く、前年十二月に参議の一人として憲法意見書（上奏文の体裁で、一、元老院を更張し元老議官を華士族に撰ぶを請う事、二、公撰検査官を設くるを請う事、三、聖裁より断じ天下の方向を定むるを請う事を骨子としている）を提出していたが、その際提出に先立ち予め大隈にそれを内示しておいたのであった。ところが、今回の大隈の意見書提出は自分に対して内証であり、しかも極秘としての「密奏」である。加えて、その内容の「急進論」に伊藤はなによりも驚き且つ憤激したのである。その様子は内示を受けた伊藤自身が、大隈意見書の全文を自ら手写して「右明治十四年六月二十七日三条太政大臣ニ乞テ陛下ノ御手許ヨリ内借一読ノ上自写之、博文」と、その末尾に付記した点によくあらわれている。伊藤は大隈に出し抜かれたとの感と、その意見書を貫いている積極的な構想に焦慮した。その憤激のあまり、まず七月一日三条宛に詰問状を送った。

邪推ケ間布候ヘ共大隈の建白は恐ラクハ其出処同氏一己之考案ニハ有之間布様狐疑仕候唯今之形勢なれハ甚恐縮之至ニ御座候ヘ共博文は当官御放免奉願候外無御座候（傍点佐藤）

（『伊藤博文伝』中巻、二〇六頁〜二〇七頁）

次でよく二日には岩倉にも同様の書翰を送付して、

大隈此節之建白熟読仕候処実ニ意外之急進論ニテトテモ魯鈍之博文輩驥尾ニ随従候事ハ出来不レ申且亦現今将来之大勢ヲ観察仕候主眼モ甚相違仕候読二歴史一欧州之沿革変故之迹ヲ想像スルモ博文カ管見ニテハ彼建白ニ載スル所ノ如ク成蹟ヲ容易ニ被レ得候モノトハ不レ存候到底如レ斯ニ大体之眼目背馳候上ハ実ニ遺憾且恐縮之至ニ御座候ヘ共当官御免ヲ奉レ願候外幾回熟考仕候（傍点佐藤）

（『岩倉公実記』下巻、七〇〇頁）

と、辞意の決意あることを申出たのである。伊藤は右の両大臣宛の書翰に明らかな様に、「現今将来之大勢」に対する見解の相違が著しいとの理由で、大隈とは到底両立し難いとして辞表をたたきつける姿勢を示したのである。なお、ここで、大隈の意見書は「同氏一己之考案」ではあるまいとの言を漏らしているが、おそらく伊藤の胸中には大隈と福沢との提携の姿が想起されていたのかも知れない。

では、大隈の憲法意見書の内容は一体どのような方針と構想より成っていたのか。

大隈の憲法意見書（『大隈重信関係文書』第四巻、『明治文化全集』第三巻、『岩倉公実記』下巻等に所収）は、全七節より成っており、その骨子は次の通りである。

第一、国議院開立ノ年月ヲ公布セラルヘキ事

第二、国人ノ輿望ヲ際シテ政府ノ顕官ヲ任用セラルヘキ事

第三、政党官ト永久官トヲ分別スル事

第四、宸裁ヲ以テ憲法ヲ制定セラルヘキ事

第五、明治十五年末ニ議員ヲ撰挙セシメ十六年首ヲ以テ国議院ヲ開カルヘキ事

第六、施政ノ主義ヲ定メラルヘキ事

第七、総論

内容は、憲法制定公布と議会開設の時期を論じ、これに伴って採用されるべき日本の立憲政治の基本的条件を提案したものである。その特徴の第一は、議会の即時開設主張の急進論である。大隈は、「本年ヲ以テ憲法ヲ制定セラレ十五年首若クハ本年末ニ於テ之ヲ公布シ十五年末ニ議員ヲ召集シ十六年首ヲ以テ始メテ開立ノ期ト定メラレン事ヲ冀望ス」と主張した。特徴の第二は、政党内閣論主張の急進論である。これは政党内閣といっても、官吏を三種に分けた独特な主張で、甲を政党官（上級官）として政党と共に進退させ、乙を永久官（奏任以下の下級官）として終身勤続の者となし、丙を中立永久官として三大臣・軍官・警視官・法官の特別職をこれに充て、政党外に超然たらしむ終身官としたのである。特徴の第三は、欽定憲法の主張である。「先ツ宸裁ヲ以テ憲法ヲ制定セラレ是ニ依テ国議員ヲ召集セラレン事ヲ欲ス」とした。総じてこの憲法意見書はイギリス流の議院内閣制を採用していることは明瞭であるが、しばしば指摘されている如く、純然たるイギリス流の立憲主義論の主張を展開させたものではなく、特に政党内閣論の如きは現下の三大臣制とたくみに妥協させて中立永久官設置の構想を示し、他日起ることあるべき党弊を予測して、これに備えるという周到な用意がほどこされていたのである。

さて、この大隈意見書の起草者は福沢門下の俊才であり、大隈の智嚢である龍渓矢野文雄である。矢野は当時統計院幹事太政官大書記官であった。

是れは大隈侯の私撰憲法と云はれて、当時喧しかったものであるが、全文盡く我輩が執筆したものである。（略）此意見書のうちで、我輩が最も熱心に主張して、大隈侯も賛同してくれたのは、終身官と政党官とを各別にした項中で、太政大臣、左大臣、右大臣の三人を終身官にして、全然闘争の外に立てると云ふ点であった。

（矢野文雄談「大隈重信密奏事件」、平塚篤編『伊藤博文秘録』一一六頁〜一一八頁）

矢野は当時の起草の苦心をこのように回想しているが、矢野自身はこの意見書が自分の起草したままの形で提出されたか否かは全く知らなかったと言い、加えて自分の知らぬ間に上奏されてしまったと言っている。そして、もし多少の訂正などがほどこされたとしたならば、それは小野梓あたりの筆が加わったかも知れないとの口吻を漏らしている。小野梓がはたして大隈の意見書を加筆訂正などして具体的な形で参画したのかどうかは、目下、資料的には論証困難である。しかし、小野は明治四年（一八七一）より七年（一八七四）まで英国に留学し（小野の伝記、永田新之允『小野梓』、西村真次『小野梓伝』参照）、イギリス流立憲主義思想を身に付けた者であり、この十四年三月十八日に「今政十宜」を、六月十三日には「呈二参議大隈公一再論二施治之方嚮一書」を大隈に呈し、この前後特に大きな影響を与えていたことは事実であった。政治構想においてこの頃小野がいかに文字通り心血をそそいで大隈のために献策を続けていたかは、彼の日記「留客斎日記」（西村真次編『小野梓全集』下巻所収）に余すところなく書き留められている。だが、意見書への直接的参画はひとまず不明としておかなければならないのである。

さて、この大隈の意見書はその内容が何らかの径路によって、ばくぜんとした形ではあったが、世上に洩れるところとなった。すなわち、同じく矢野を中心として起草された交詢社の私擬憲法案（明治十四年四月二十五日『交詢雑誌』第四五号掲載）と大隈意見書が共に福沢の手から出されたものだなどという疑惑が広まり、特に薩長要人がこれをとらえて大隈陰謀説の材料とするに至ったのである。この件は、後述の通りである。

三、明治憲法制定の発足

十四年三月に大隈の意見書が呈され、次で五月に大木喬任の意見書も提出されたが、大隈の「急進論」が出され、しかも「密奏」という形をとった以上、各参議の意見書提出を調整して政府の態度を確立するという当初の意図はここに崩れ去り、閣内一致は全く遠のき内閣に最も大きな危機が発生した。

この危機を打開するかのように登場したのが太政官大書記官法制部の井上毅であった。井上は岩倉・伊藤に精力的に画策し、これ以後、明治憲法制定に至るまで終始在朝のまま、その基本構想の創案・難問題の処理・憲法草案等の一切に参画した者であるが、この「明治十四年の政変」を陰から演出したのもまた井上であった。この時の井上の一挙一動は、そのまま「明治十四年の政変」の推移を導く陰の糸となって展開され、その存在は極めて限られた少数の政府主脳にのみに知られた者であった。暗躍とも言うべき井上の動きに注目しつつ、憲法問題を軸として、この政変の推移を追ってみよう。

大隈の急進論の出現によって、憲法問題は暗礁に乗りあげ、政府にとっては十四年の前半期を終ろうとする頃に至っても何ら見通しがつかなかった。前年十二月に提出された伊藤の憲法意見の起案にあずかった井上毅は、大隈の意見書提出直前の三月四日に清国から帰国していたが、六月に入って憲法問題で苦慮している岩倉に接近し、以後、岩倉の唯一の相談相手としてその賢才を縦横に駆使していった。井上毅の憲法調査とこれに基づく岩倉の憲法建議（七月五日、三条・有栖川宮両大臣に提出）等の経過は、戦後の研究成果である稲田正次『明治憲法成立史』上巻（四六五頁以下）及び大久保利謙「明治十四年の政変」（明治史料研究連絡会編『明治政権の確立過程』所収）に新史料を紹介して詳細に論じられているので、ここでは略するが、井上が画策するにあたってその憲法構想の骨子とした思想はプロシア憲法への熱烈なる傾倒に根ざしたものであった。彼はヘルマン＝ロエスレルの指導によって急速にプロシア憲法への理解を深め、明治憲法の完成に最大の貢献をしていった。井上は、まず岩倉に対し六月十九日までに書翰三通をはじめとして、洋人政体書抜書、意見書を呈して岩倉をして感服せしめた（横山晴夫「明治十四年の政変―明治憲法への道―」、『歴史教育』第十五巻第一号）。岩倉は井上のこれらの巧みな献策をふまえ、また、大隈に会って伊藤の意見と「大異無シ」との言質を得た上で、六月二十一日に三条・有栖川宮両大臣に、

大隈建言も断然に候得共、実に可恐廉も可有之と存候條、萬端極内伊藤え御内談之上、局也名称也御取極可然哉、尚御賢考願候。

（『伊藤博文伝』中巻、二〇五頁）

と、進言したのである。この結果、伊藤ははじめて大隈の意見書に接し、これに激怒した経緯は前述の通りである。しかし、これを契機としてかえって憲法問題に関して岩倉―伊藤―井上毅の堅固な連携が成立することとなったのである。

井上は、伊藤が岩倉に辞意を申し出た同じ日の七月二日に、

仰ぎ願くば、明公纖介《せんかい》の瑣事を放却せられ、進て自ら御負担有之、以て戊辰以来の九仞の大業を一簣に成就し給はんことを。若し今日是を幺麽《ようま》無識の徒に委し、局面粗成の後は進退を以て是を争ふも已に不可救と存候（傍点佐藤）

（『伊藤博文伝』中巻、二四六頁）

と、時期を逃すことなく憲法担当者は伊藤以外に人なしとの如き口吻で盛んにあおぎたてて、また他方で

は、薩長参議への画策を松方正義を通じて謀っていった。

更に井上は七月十二日伊藤に対して福沢警戒論を開陳した。

福沢ノ交詢社ハ即チ今日全国ノ多数ヲ牢絡シ、政党ヲ約束スル最大ノ器械ニ有之、其勢力ハ無形ノ間ニ行ハレ、冥々ノ中ニ人ノ脳漿水ヲ泡醸セシム、其主唱者ハ十万ノ精兵ヲ引テ無人ノ野ニ行クニ均シ

(「内陳」、前掲大久保論文紹介)

福沢の思想的人脈的影響力の絶大なることを、十万の精兵が無人の野を行軍していることに譬え、現下の自由民権運動にからませて、その警戒すべき存在であることを入説した。かくして、憲法問題に関してはプロシア流かイギリス流かと、その態度方針を問い、

政府ハ英国風ノ無名有実ノ民主政ヲ排斥シテ、普魯西風ノ君主政ヲ維持スルノ廟算ナラバ、八年ノ聖詔ヲ実行シ、政府主義ノ憲法ヲ設ケテ以テ横流中ノ壘壁ヲ固クシ、人心ノ標準ヲ示ス事一日モ緩クスベカラザル歟ト存候(略)

一、英国風ノ憲法ヲ行ハントナラバ、四五年ノ後時機漸ク熟シ、政党ノ大団結既ニ成ルノ日ヲ待ツモ未ダ晩カラズ

一、普国風ノ憲法ヲ行ハントナラバ、早ク今日ニ及バザルベカラズ

抑々此ノ非常ノ機会ニ在リテ政府ノ前途ノ目的ヲ彼此ノ間ニ賜フ事ハ当ニ一日ヲ争ヒ、一歩ヲ競フベキニ、却テ重大議事ヲ可不可ノ間ニ置キ東巡西幸ト八何事ゾヤ

(「内陳」同上)

と、プロシア流採用を主張し、伊藤に確固たる態度をせまった。

井上は更に執拗に井上馨にも働きかけ、八月に入るや、ついに三条・岩倉・伊藤の間に秘密裡にプロシア流の専制憲法を欽定で制定するという基本方針が確定される運びに至らしめたのである。かくして、明

治憲法制定の作業は、ここに発足したのである。

四、北海道開拓使官有物払下事件

大隈の憲法意見書に対する憤激のあまり辞意を表明していた伊藤も、大隈の釈明、岩倉の慰撫、更に有栖川宮の和解の斡旋などにより、七月八日から参朝し、事件は表向きにはひとまず氷解した。従って、この時点では政府内部においての大隈不信の念は依然として強いものがあったとはいえ、このままで大隈追放に発展するが如き切迫の段階には至ってはいなかった。政府の当面している課題は、イギリス流憲法かプロシア流憲法かのいづれかの採用という日本の将来の国家形態の選択に限定されていたのであって、あくまでも政府内部での確執の域を出るものではなかった。

しかし、七月末頃から突如として世論を盛りあげた北海道開拓使官有物払下事件が勃発するや、事態は全く一変するに至った。

明治二年（一八六九）、北海道に開拓使を設置して以来、政府は明治十三年まで一四〇〇余万円の巨費を投資して開拓を推し進めるべく官営事業を継続して来たのであったが、十四年には存置期限の十カ年を経過したのでこの年限りで開拓使を廃して県を創置することとなり、このため参議兼開拓使長官黒田清隆は開拓使の諸工場・船舶・倉庫・牧場等の官有物を関西貿易商会へ三八七〇〇〇余円という極めて破格な廉価で、しかも無利息三〇カ年賦で払下げようとした。払下げの出願人となったのは安田定則・折田平内等四名の開拓使書記官であったが、彼等は薩摩出身の大阪の政商五代友厚と旧山口県令中野悟一等によってこの年にわかに設立された関西貿易商会と提携して開拓使の官営事業をそのまま引継ごうとしたのであった。黒田は、七月二十一日三条太政大臣にこの件を進達し、二十八日の閣議に諮ったのであったが、有栖川左大臣宮・大隈参議等が反対意見を出し、このため黒田は進退を賭して極めて強硬に要求し、終に三十日、明治天皇の東北・北海道巡幸の出発当日に勅許を得、翌月一日正式の決定となったのである。

かくして、有栖川宮・大隈・大木の大臣参議は天皇の巡幸に供奉し東京をあとにした。

しかしながら、官有物の払下げをめぐる閣議の紛糾は、閣議決定以前に既に世間に洩れて諸新聞の取上げるところとなり、『東京横浜毎日新聞』『郵便報知新聞』『朝野新聞』『曙新聞』『東京日日新聞』などは一斉に黒田と関西貿易商会の不正取引を書き立てて激しい攻撃を展開した（原田擣三編「北海廻瀾録」、『明治文化全集』第二二巻雑史篇所収および『新聞集成明治編年史』第四巻、明治十四年条等参照）。特に閣議決定直前の七月二十六日から三日間にわたる『東京横浜毎日新聞』の社説「関西貿易商会ノ近状」が事件を暴露して政府攻撃の導火線となり、新聞の論難は八月から九月へと続いていった。この政府攻撃ぶりは右派の『東京日日新聞』の福地源一郎までもの参加をみるほどで、東京・静岡・大阪・和歌山等の各地で政府の失態をせめたてる演説会が催され、八月二十五日の東京新富座、九月二十四日の浅草井生村楼での薩閥攻撃の演説会はとりわけ盛況であった。開拓使問題に関する各地の具体的反対運動の状況は未だ充分に解明されているとは言えないが、指原安三の『明治政史』（『明治文化全集』第二巻所収）が「維新以来日本全国の人民、智となく愚となく挙って政府の措置を非議せしこと、未だ此時より甚しきはなし」（三六九頁）と記しているように熱狂的な雰囲気の中で政府攻撃が進められていった。九月五日の『郵便報知新聞』は払下げ願書や黒田長官の太政官への伺書などの全文を素っ破抜き、八日には有栖川宮と大隈だけが払下げ処分に反対したこと、これに対して黒田が強引に払下げ処分を通過させた経緯などを詳細に報道した。総じて、諸新聞の論調の進展は、もはや開拓使問題に限定された枠を乗り越えて、国会開設・立憲政体樹立の要求へと質的にも傾き、大隈の声望がにわかに高まるに至った。

しかし、注目すべきことは政府攻撃の主勢力が後の改進党系もしくは三田系・交詢社系のものであり、しかも、内閣の極秘事項が新聞によって暴露されたことは思わぬ事態を引き起こした。すなわち、激しい論調を展開した『郵便報知新聞』は福沢系の新聞であり、成島柳北の『朝野新聞』は大隈の息のかかったものであり、しかも大隈と福沢とは極めて密接な間柄にあったことから、ここに大隈陰謀説なるものが発生し、政府攻撃の材料は大隈の手より出されたとの観測が成り立った。まさに、薩長参議の中で孤立無援の状態にあった大隈に対する同情がかえって贔屓のひき倒しにまで進んでいってしまったのである。後年、大隈自身は次のように述懐している。

輿論の火の手は揚がって天下は騒然、容易ならざる形勢となり、各地で演説会が起り、遂に有名なる新富座の演説会となったんであるが、此時は日ごろ我輩を仇敵の如くにして居た板垣、後藤もくれば、当時政府の御用新聞たりし東京日日新聞に居て、御用の筆を振って居た福地源一郎まで出て来た。

所がこれが所謂贔屓の引き倒しで、迷惑千万なのは我輩一人といふことになった。それはかうである。火の手は盛んに燃え揚ったが、それを煽動して火を附けたのは大隈だと云ふことになったは未だいゝ、此頃で云へは革命とでも云ふか、其頃の言葉で、我輩が叛乱を企てたと云ふ訳で、我輩トウ〱謀叛人になって了った。而も此大隈の謀叛の裏には福沢諭吉が参謀となり、軍用金は三井、三菱が出して居るとまで政府側では云ひ出した。(『大隈侯昔日譚』二五四頁〜二五五頁)

大隈陰謀説の具体的内容は巡幸供奉先の大隈に宛てた岩橋徹輔の書翰（十月六日付）によく窺われている。（　）内は岩橋の言である。

讒言ノ言ニ曰、

第一、大隈参議国会開設ノ主唱トナリ福沢岩崎等ハ翼トシ民心ヲ動揺シ大権ヲ収メ同僚ヲ攘ハント欲ス（小人ノ常言千古同一不足怪）
第二、同参議同僚ト不レ詢開設之奏議ヲ左府公ニ因テ奏上ス破規擅他日甚可恐
第三、大蔵省決算予算報告中偽アリ紙幣四百万円発行報告ニ超過ス他ニ四百万円準備金ニ於テ報告ヨリ不足ス（佐野卿之多言伊《博文》参之耳ニ伝フルニ係ル）
第四、既ニ此偽算アリ何ヲ以テ国計ヲ人民ニ吐露スルヲ得ン而ルモ国会開設ヲ専唱ス何等之怪事（伊参曰国会開設吾等為之何ソ他人ニ主唱ヲ譲ラン）
第五、三菱ニ諭旨シテ其資ヲ助ケシメ三菱ト密着シテ云々（菱長曰此事明弁一々確證アリ何物之讒言歟吾之ヲ看破スベシト奮言シ不動心相貫罷在候）
第六、北海工場払下之回議ニ既ニ承印セリ而シテ反覆ス

（『大隈重信関係文書』第四巻、三六五頁～三六七頁）

これを要約すれば、大隈は福沢等をはじめとする民権派と結んで薩長政府を転覆しようとしている、ということになる。この陰謀の真偽のほどは次項に述べる通りであるが、いずれにせよ一度は氷解したかにみえた大隈・伊藤の関係が北海道開拓使払下事件によって、再び、しかも文字どおりの破局を余儀なくされて、ついに大隈追放のクーデターへと驀進していったのである。

五、大隈追放と国会開設詔勅の渙発

北海道開拓使官有物払下問題の紛糾を契機として盛上った反政府運動は、薩長政府にとっては未曽有の

脅威であった。前年十三年四月には、全国二府二二県八万七千人の請願人による「国会を開設するの允可を上願する書」が片岡健吉・河野広中によって太政官・元老院に提出されて（結局は共に受理されなかった）、国会開設を求める自由民権運動が最高潮に高まった情勢にあった。そうした時期の中で、薩長政府はこの勢力と大隈とが結びつくことを何よりも恐れ、これを未然に阻止しなければならぬという至上命令に直面した。このためには事態を単に開拓使官有物払下問題に限定しての解決だけでは不徹底であり、国家の基本方針を明確に打ち出す――すなわち、憲法問題についての大英断を下し、世論を先取りして不動のレールを敷くことが唯一の活路であった。かくして、反政府運動の指導者と目される参議大隈を内閣から追放する画策が種々の形で進行していった。この大隈追放劇の舞台に登場したグループはおおむね次のような人物たちであった。

まず、佐佐木高行をはじめとする元老院・宮廷グループがあげられる。佐佐木は元老院副議長で元侍補であり、彼は九月初旬より元侍従長で元老院幹事の東久世通禧、元侍補で内務大輔兼宮内省御用掛の土方久元、元侍補で侍講の元田永孚等と結んで大隈排撃に乗り出した。このグループのうち、宮廷派は十一年の侍補による親政運動以来、岩倉・薩長派と対立する立場にあり、元老院派も国憲問題で岩倉・伊藤と対立関係を続けてきたものであって、彼等はその反感から薩長政府攻撃の機会として開拓使官有物払下処分に反対した。けれども、正面の敵は薩長参議にあったのではなく、大隈をはじめとする民権派であった。佐佐木が九月十八日土方とともに東伏見宮（のちの小松宮）を訪問した際、「黒田が意見を中止とせば同人は引入るであらう、反対の大隈が行動も正しくない、福沢等と結び、粗暴なる民権家の力を藉りて一身を保護し、三菱会社と手を握りて私利を図らんとする心事は宜しくない」（津田茂麿『明治聖上と臣高行』五〇七頁～五〇八頁）と、大隈陰謀説を事実とみなして、その排撃論を述べたのはこのことを物語るものである。彼等は何よりも「若し此際、彼等が廟堂の失挙を口実とし、民約主義の国会開設を主張し、天下を煽動し、遂に已むなく之を採用するにも至らば、彼等は大に志を得て、或は仏国革命の如き事起るに至らん、是れ臍を噛むも及ばざる義と奉レ存候」（明治十四年九月付三条宛佐佐木高行書翰、『明治聖上と臣高行』五〇六頁）と、君主制の絶対擁護の立場から運動に奔走したのである。また、元老院の議官の中でも川田景興・中村弘毅・安場保和・伊賀重賢の保守正義派グループも払下処分に関して三条に建言し、政府の措置を攻撃した。

次に、政府主流とは事あるごとに対立を続け、明治二十年代に入っても条約改正問題等で政府を攻撃した不平将軍連たる反薩長閥の武官派の運動があげられる。谷干城・鳥尾小弥太・曽我祐準・三浦梧楼等の運動がそれである。彼等は九月十二日独自の上奏書を巡幸先の供奉参議大隈宛に郵送し、更に、即日三条に面会し、国憲制定・議会開設・官有物払下処分の中止等を要求した（『曽我祐準翁自叙伝』三一九頁〜三二四頁）。このグループも、曽我などは晩年に至るまで「彼れは〔大隈―佐藤〕問題の秘密を世間に暴露して、何喰わぬ顔をしながら、天皇の東北巡幸に扈従して、その年七月二十七日東京を発し、民間の政府攻撃を余所に涼しい風をして居る」（同上書、三二二頁）と述べ、やはり大隈陰謀説を事実と思っていた。

更に、「司法省大書記官三好退蔵・文部省権大書記官金子堅太郎・同島田三郎（後には大隈と行動を共にした）等の反大隈派の新進官僚の奔走があげられる。彼等は、当時統計院幹事兼太政官大書記官の矢野文雄や統計院権少書記官犬養毅、同尾崎行雄、更に会計検査院一等検査官小野梓等の大隈派官僚たちが政党設立運動に奔走しているのに対抗すべく画策するところがあった。金子は九月二十四日、特に佐佐木を訪問し、「大隈の政党組織計画」を告げて、

近日、我々の同志なる岩崎小次郎（大蔵省銀行局長）三好退蔵（司法省大書記官）島田三郎（文部省権大

書記官）田中耕造（文部省権少書記官）其他三四名あり。然るに大隈の配下にて、大蔵省の書記官たる石橋（重朝）、中島（盛有）等は、我が同志に説いて曰く、「最早薩長の私論を破るの機会が来たので、肥前佐賀の者は、団結して政党を新に組織する手筈である。さりながら佐賀のみでは十分の勢力なきゆゑ、各県の同志と結ばんと欲ふ。土佐は板垣を頭として大体纏り居る、九州は矢野文雄（太政官大書記官）を以て周旋させ、会計検査院の検査官小野梓も大に盡力して居る、又三菱会社と相結び、福沢の手から報知社も加盟させた」と云ひ、同意を求めたが、我々同志は何れも同意せず、中正を踏んで行くの趣意、其の理由は、開拓使の処分も不可、大隈の行動も不可、寧ろ大隈の方が病は重い。

（津田茂麿『明治聖上と臣高行』五一一頁）

などと、さかんに大隈陰謀説を入説した。他方、三好退蔵・岩崎小次郎も谷干城を訪問して建白書の同意を求めるなどして、一大政治勢力を結集する行動を展開していた。

かくして、以上の諸グループがいよいよ九月二十八日および十月二日、東京市谷の谷干城邸に会合して中正党を創立するに至った。両日の参会者は、谷・佐佐木のほかに安場・河田・伊賀・中村・三好・金子・田中・島田・河津祐之・早川勇・関新吾・藤田高之・浦春暉・鎌田景弼・森山茂・城多董・南亮輔・鳩山和夫等々で、彼等は中正党の目ざすところと運動方法を討論し、十月五日その綱領「覚書」を確定し、これを三条・有栖川宮・岩倉の三大臣へ開陳するはこびとなった。「覚書」にいうところは左の通りである。

一、某等ハ同志相謀リ、帝室ヲ翼戴シ、立憲政体ヲ建テルヲ目的トシ、急激ニ走ラズ、姑息ニ流レズ、中正不偏ノ主義ヲ以テ国家ノ安寧ヲ維持シ、人民ノ幸福ヲ保護センコトヲ期シテ団結シタルモノニ候。

一、某等ガ今日ニ在ッテ急務トスル所ハ、断然内閣ノ組織ヲ更革シテ臨時行政顧問ノ会員ヲ勅撰シ、同時ニ国憲調査委員ヲ命ジ、明治八年ノ聖詔ヲ決行セラルヽノ二事ニ有レ之候

（平尾道雄『子爵谷干城伝』五〇七頁〜五〇八頁）

なお、以上揚げた中正派一派とは別に、東伏見宮・旧肥前鹿島藩主鍋島直彬・旧三河重原藩主板倉勝達・旧肥前平戸藩主松浦詮その他の華族有志も何かと画策することがあった。

さて、政府の周辺層のあわただしい行動は右の通りであったが、では、薩長参議を中心とする政府首脳部の動きはどうであったのか。このことは即ち「明治十四年の政変」の主役は一体誰であったのか、という問題にほかならない。

かつて、渡辺幾治郎は『文書より観たる大隈重信侯』（昭和七年刊）において、この政変の首謀者を論じて次のように語っている。

私は当時の考へたやうに、十四年政変の火元は黒田ではなかったかと思ふのである。最《ママ》も黒田を首謀とし、黒田が陰謀を廻らしたことは、黒田の性格から考へてどうかと思ふが、とにかく侯を排撃する大将であったと考へても、差支ないやうに信ずるのである。

と述べ、以後、『明治史研究』（昭和九年刊）においても、

大隈が官府の機密書類を民間同志に提出して、攻撃の材料を供したの、留守中の同志と連絡を取り、或は方針を授けて、運動させたなどといふことは、全く考へ得られないと思ふ。それとも大隈はそれ等以外の人と結託して、左様のことをやったといふのか、大隈陰謀説は全くのナンセンスである。

と開陳し、更にまた戦後の『大隈重信』（昭和二十七年刊）においても、

当時の人々も、一般に伊藤がかれの排撃の首謀者であるとは思わなかった。ただ、大久保死後の大隈伊藤とが対立の地位にあったことから、両雄竝び立たずのたとえ、自然に伊藤が一方の首謀者のごとく思われたのであらう。だが、これは結果から見た考えであるまいか。私は当時の人々と同じく、この政変の火元は黒田であったと思わざるを得ない。（八二頁）

と述べて、終始一貫して、大隈と直接的に対立し大隈排撃の運動を推進した「首謀者」は伊藤ではなくて黒田であると力説し、加えて、大隈・福沢通謀説、三田・交詢社一派との政治的提携を否定し、右のように「大隈の陰謀は全くのナンセンス」と結論したのであった。即ち、黒田等の薩派参議の攻撃の前に、一旦和解が出来上った大隈・伊藤が再び離反し、大隈の罷免が断行されるに至ったのは黒田等の介在が原因であるとして、

こゝに至って、伊藤の考も変らざるを得ない。大隈をこのまゝにして、民間の勢焔の揚るにまかしては、黒田等薩派の憤激測られず、彼等は伊藤等長派こそは、大隈派民権論者を助けて、我々を排撃するのだ。維新以来の盟約を忘るるのだと憤怒する。かくては薩長は分離、政府は瓦解する。明治維新は薩長の連合によって成就された、今日薩長の分離は明治政府の瓦解となり、薩長共に民間反対の勢焔に焼かれてしまう。これはこのまゝには捨て置けぬ、大隈を罷免し、民間の勢焔を鎮滅せねばならぬとは、伊藤当時の考であった。思ふに伊藤の聰明なる敢て大隈に伝ふるごとき陰謀があったと信じなかったかもしれないが、事こゝに至っては、大隈を見殺しにするは止むを得なかったのである。（一三五頁）

（『明治史研究』八八頁）

との論を展開させ、伊藤の「首謀者」にあらざる点を指摘してその消極性を強調し、政変の火元は黒田であると断定したのである。この際、渡辺がその論証の典拠とした文献が主として大隈・福沢側の資料であったことが注目される。即ち、渡辺は現在『大隈重信関係文書』（四）に収録されている九月二十五日付大隈宛小松彰書翰、同二十九日付大隈宛小野梓書翰、十月一日付大隈宛福沢諭吉書翰、同三日付大隈宛北畠治房書翰、同六日付大隈宛岩橋徹輔書翰、また、新資料の八月二十一日付寺島宗則宛黒田清隆書翰、更に、『福沢諭吉伝』第三巻所収の「明治辛巳紀事」等々を引用し、この政変の「謎」を解明しようと論稿を重ねていったのである。渡辺のこの政変解明への努力は、「大隈陰謀説」の否定にそそがれ、事実、前掲の一連の著作によって「大隈陰謀説」は明確に否定されたのである。そして、渡辺の一連の著作自体が「明治十四年の政変」に関する代表的な研究成果の一つに数えられているのである。

だが、政変の「首謀者」解明は渡辺においても未解決のままであることを認めなければならないであろう。渡辺は右に掲げたように政変の「火元」に関しては、「侯を排撃する大将」であったのは黒田であり、事態の進展に伴い「事こゝに至っては、大隈を見殺しにするは止むを得なかった」のが伊藤であったと断定し、「首謀者」としては黒田が主で伊藤が従の関係であったとしている。これは結論的には「当時の人の考へたやう」なものであった。しかし、渡辺の結論は「明治十四年の政変史」全体から考察しようとする場合、果して妥当なものであろうか。

「明治十四年の政変」の発端は何よりもまず、大隈自身による意見書密奏という単独行動に起因するものであった。しかも、その内容は国会即時開設論であり、部分的ではあるがイギリス流の政党政治の導入がうたわれており、これに狼狽したのが三大臣であり諸参議であった。まず、右大臣岩倉がこの憲法問題で焦慮したが、ここに賢才井上毅の登場するところとなり、彼は前述の如く岩倉に対して次々と憲法問題に関する積極的且つ具体的な意見を入説し、特に天皇を中心とする日本の国体を立憲制の中に極めて巧妙に折り込み、確固たる方針を採るべきことを進言したことが岩倉の心を深くとらえ、岩倉はこの井上という智嚢を得たことを機会として極秘の大隈意見書を伊藤に内見せしめることを決意したのである。この結果として、大隈に対する伊藤の激怒となったとはいうものの、岩倉――伊藤――井上毅の線でプロシア流の欽定憲法構想の方針が確定されるに至り、従って、既にこの八月頃の時点で、イギリス流立憲主義を採る大隈の運命は決まっていたとみてよいのである。北海道開拓使官有物払下問題は、この時全く偶然に平行する形で発生したのであって、「明治十四年の政変」を構成する極めて重要な要素ではあるが、政変の主流ではないとみなさなければならないのである。もちろん、開拓使問題は政変をより加速的に推進せしめ、黒田の強烈な大隈排撃運動を引き起し、また他方において元老院一派をはじめとする反大隈運動を展開せしめていったことは疑う余地がない。だが、在朝者としてはギリギリの線まで立憲制を主張したイギリス流立憲主義採用の大隈排撃というのが政変の主流であったとみるべきであると思われる。表面的には開拓使問題紛糾で世論の盛り上りの中で突如大隈罷免のクーデターが断行されたのであったが、政変の過程は伊藤と大隈の政治的対立の進展が主流であり、その争点は在朝勢力者としての国家形態の構想をめぐる権力争いに求められ、薩長政権の確立のために大隈の排撃がその手段とされたものと解されるのである。管見に入った資料では、伊藤が大隈との確執の後、具体的にどのような反大隈工作を行ったかについての確証はつかめ得ないのであるが、政変を憲法問題としてとらえた場合、右の如き見解が成り立つと思われるのである。

さて、大隈排撃計画は前述した如く、薩長参議、元老院一派等の各勢力によって推進されていった。

『伊藤博文伝』（中巻）は大隈追放の経緯を次のように記している。

三条太政大臣は、この難局の打開策に就き、公〔伊藤〕を始め諸参議と熟議したるに、当時多数の意見は開拓使官有物払下を中止すると同時に、大隈を罷免すべしといふに一致したが、公は、単にそれのみにては人心の鎮定を庶幾するに足らずとし、この機会に勅裁により憲政実施の方針を確立し、国会開設の時期を布告し、併せてこれが準備に着手せんことを建言した。三条を始め閣員一同公の説に賛し尚ほ公をして専らその実行方法の調査立案に当らしむことに決定した。（二一七頁）

開拓使問題は十月に入っても黒田長官の払下げ中止の同意が得られず、伊藤は苦慮したのであったが、西郷・川村・大山・樺山等薩派領袖連の説得によって、十月五日に至ってようやく黒田の承諾を得た。また、払下げ中止に関しては同意しても大隈追放には最後まで慎重であった岩倉も、七日に伊藤の訪問を受け、

午前時《ママ》伊藤参議東《ママ》事面談問フ処答粗井上同シ、大隈進退ノ事ニ至リ数件其確証ヲ挙ケ共ニ朝ニ在リテ謀ル可ラサルノ意ヲ述ブ、余モ其事ノ已ムヲ得サル理アルヲ以テ遂ニ意ヲ決シ閣議ヲ賛ス

（「岩倉具視日記」明治十四年十月七日条『大隈重信関係文書』（四）、四〇六頁）

と、大隈追放にようやく同意した。この日、井上毅も岩倉に呼ばれたが、井上は辞去の後、岩倉に対して「内啓」として、

一、勅諭云々之件

第一　主上聖慮確定廟議画一ヲ示ス

第二　内閣ノ一致ヲ示ス猶直接ニ云ヘハ薩長ノ一致ヲ示ス

第三　此ノ人心動揺ノ際此勅諭アルニアラサレハ挽回無覚束更ニ名言スレハ人心ノ多数ヲ政府ニ牢絡スルコト無覚束

第四　此ノ勅諭ハ仮令急進党ヲ鎮定セシムルヿ能ハストモ優ニ中立党ヲ順服セシムヘシ全国ノ士族猶中立党多シ今此挙アラサレバ彼等モ変シテ急進党トナルヿ疑ナシ

第五　此勅言ニ因テ政党ヲ判然セシメ反対党ハ明カニ抗抵ヲ顕スニ至ルベシ是極メテ得策ナリ

（十月七日付岩倉宛井上毅書翰、『大隈重信関係文書』（四）、三八四頁〜三八五頁）

と、国会開設の詔勅の具体的効果を述べ、その渙発を強く進言し、更に翌八日にもこの件を重ねて主張した。伊藤も同じくこの八日に岩倉に対して次のように進言した。

大号一発晴天白日ニ威令ヲ御伸張相成ル方萬々奉㆓希望㆒勿論期限之長短ニ至テハ一年二年之間強テ争フヘキ儀ニハ無㆓御座㆒候ヘ共言テ却テ人心収攬之効無㆑之様ニテハ政策ノ得タル者ニ無㆑之先ツ明治二十三年ニ御治定有㆑之候ヘハ緩急其宜ニ適スヘキ歟ト奉㆑存候

（十月八日付岩倉宛伊藤書翰、『岩倉公実記』下巻、七六八頁）

かくして、九日、三条太政大臣、伊藤・西郷・山田各参議等は岩倉邸に会合し、大隈追放・国会開設の詔勅渙発のクーデター断行の具体的プログラムを決定した。十一日、天皇還幸に際し、三条・有栖川宮・岩倉三大臣、山県・伊藤・黒田・西郷・井上・山田六参議は還幸奉迎の後宮中に会して鳩首密議し、遂に寺島宗則以下七参議連署する所の奏議を大臣を経て上ることとしたのである。この時の模様を『明治天皇紀』第五（昭和四十六年三月、吉川弘文館）は次の如く記している。

大臣又参議大隈重信免黜のことを奏請し、且曰く、重信を免ぜられずば政府の趣旨徹底せずと、然るに天皇は、左右両大臣の久しく京外に在るに乗じ、薩長出身の参議相結合して大隈を斥けんとするにはあらずやとの叡慮あらせられ、乃ち大隈の失策を證するに足るべきものを徴したまふ、大臣奉答して曰く、目下確證を精査せんこと容易ならず、但し其の證跡は既に慶応義塾長福沢諭吉の門生及び其の他より得たり、重信の陰謀は、啻に薩長出身の参議のみならず、平素正義を以て任ずる者も亦皆憤懣する所なり、若し薩長出身の参議に対して疑念あらせられなば内閣破裂の外なしと、天皇宜はく、事情已むを得ざるを以て之れを聴許せん、但し其の事由を明かにせずして辞官を強ふべきにあらず、人を以て免官の所以を重信に諭さしめ、而して後辞官の表を出さしむべしと、天皇又開拓使官有物払下に就きて閣議の決する所を諮はせらる、大臣奉答して曰く、重信の免官にして行はれなば、彼の払下問題は仮令廃止せらるとも、開拓長官黒田清隆に於て決して異議を挟むことなしと、天皇宜はく、開拓使官有物払下と大隈の進退とは固より別箇の問題なり、然るに大隈辞官せば黒田異議なしとは、其の意を解する能はざるにあらずやと、大臣恐懼して其の失言なりしを謝したてまつり、更に、開拓使官有物払下の処分は一に聖断にあり。清隆決して異議なしと奉答す。又宜はく、卿等同心協力して帝室を輔佐し死を誓って盡瘁せんと言ふ。然ども異日復意見の扞格することなきを保し難し、是の点慎重に考慮すべしと、大臣奉承の旨を奉答す。

（五四三頁〜五四四頁）

このようにして、ここに二三年を期しての国会開設そして大隈罷免の天皇の裁可が得られたのである。

これを承けた大隈の態度はどうであったか。大隈自身に語らせせよう。

丁度明治十四年の十月十一日である、七十幾日間、先帝の供奉で、東北から北海道を巡って帰って来ると、其間に政府では種々方略を廻らしたものと見えるが、還った日の即夜内閣会議を開いて、我輩を追放することを決し、何でも夜中の一時頃であったと思ふ、参議の伊藤と西郷（従道）とが、我輩の所へ遣って来て、唯単純な言葉で「容易ならざることだから」とだけで、ドウか辞表を出してくれと云ふ。此方は多くを聞かずとも、其間の消息は大概分って居る「ヨシ明日我輩が内閣に出る、辞表は陛下に拝謁してから出す」と云ったら、これには両人一寸当惑したらしいが、直ぐに是を止める訳にも行かぬ。然し、流石にそれは不可ぬと止めはしなかったが、我輩が宮中に行った時は、モウ門衛が厳重に遮って入れさせぬ。有栖川宮、北白川宮とは御巡幸中同行でもあったが、有栖川宮様に行けば、矢張りこゝにも門衛を置いて固く門を鎖し、我輩の入るを拒絶すると云ふ始末、昨日まで供奉申し上げた陛下にも、御同行申し上げた宮様にも、今日は固めの門衛から拒絶されて御会ひすることすら出来ないと云ふ急転して体のいゝ罪人扱ひとなって了ったんである。御免の辞令は司法卿の山田（顕義）が友人として持って来て渡して呉れた。（『大隈侯昔日譚』二五六頁〜二五八頁）

翌十月十二日、ついに国会開設の詔勅が出され（一般への公布は十三日）、この後、十月から十一月にかけて、河野敏鎌（農商務卿）・前島密（駅逓総監）・北畠治房（判事）・矢野文雄（統計院幹事兼太政官大書記官）・犬養毅（統計院権少書記官）・尾崎行雄（同上）・小野梓（一等検査官）・牟田口元学（農商務大書記官）・中野武営（農商務権少書記官）・田中耕造（文部権少書記官）等々が免官となり、大隈派は政府部内より一掃され、ことごとく野に下ったのである。

おわりに

政変によって野に下った大隈派は、翌明治十五年四月十六日、大隈を総理として立憲改進党を結成した。改進党は政変があったがために新たに結成されたのではなく、既に小野梓等を中心にして政変勃発以前より計画されつつあったのであるが、大隈の政変による拄冠がその結成を急速に促進せしめたことは事実であった。彼等の政党創設への画策は、おそらく大きな危機感をもっていた伊藤や黒田の耳に達し、また、反大隈派官僚の大隈派官僚への反発をまねき、彼等が排斥されるに至った重要な要因となっていたことと思われる。彼等がどのような新しい政治理念と具体的な政党構想を抱いて、大隈を首領とする改進党に結集していったかは、新たな視点と自由党とのかかわりあいなどを考慮して論ぜられなければならないであろう。

（一九七三年二月一〇日稿）

第三章　史学

小序　近代日本の史学

〈第三章　史学〉には、第一節「民間学と歴史学」のみを掲げた。この論考は、東京堂出版がシリーズ本の『展望　日本歴史』全二四巻を企画して、刊行間もなくして私は、当時電気通信大学教授の安田常雄先生と共編で第二四巻の「思想史の発想と方法」を担当した。

そして、各巻の編者全員に対して、本シリーズの第一巻『展望　日本歴史　歴史学の現在と未来』（最終配本）にそれぞれの巻に相応しい内容の論文が依頼されて、私は「民間学と歴史学」を執筆することになった。私は、二〇〇七年頃に原稿「民間学と歴史学―明治～昭和初年の「明治文化」の検討を軸に―」を東京堂出版編集部に提出した。

但し、本書に収録した論考は、東京堂出版編集部に提出した論考より三千字ほど分量の多い第一次原稿である。

第一節
民間学と歴史学
——明治~昭和初年の「明治文化」の検討を中心に——

はじめに

明治・大正期の日本歴史について、中でも幕末から明治全般の歴史（日本近代史）についての検討は、明治初年の文明史学、明治中期の民間史学、明治末期から大正期にかけての史論史学において、専ら民間在野において展開された。また、明治中期からは、諸雑誌も事ある毎に当時の同時代史たる「明治文化」を特集し、諸団体も歴史的記念や祝典に合わせて様々な「明治文化」の回顧企画を試みて、その検討の記録を刊行してきた。実は、こうした系譜とその成果を吸収して昭和初年頃から日本近代史を学術的に総合的に研究する機運が起こり、その後の戦後アカデミズム史学も戦前の「民間学」の多くの成果を活用して構築されていくのである。

本稿ではこうした近代史学の黎明期を経て、昭和初年に民間学と歴史学の一つの結晶が出るに至り、民間学が本格的な日本近代史の学術的研究の呼び水となってきたことを、「明治文化」の検討を中心にして論じたい。

一、雑誌の「明治文化」特集

明治中期以後に総合雑誌が創刊されると、その年々に該当する歴史的記念に合わせて特集を組み幕末・維新・明治を回顧する面白くて興味深い企画がなされるようになった。中でも、日清戦争最中の一八九五年一月創刊の総合雑誌『太陽』は最も纏まった形でそうした内容の特別号を企画し続けたことが注目される。そのいくつかを列挙してみたい。まず、維新以来三〇年を経過した一八九七年四月二五日発行（第四巻第九号）の臨時増刊「奠都三十年」には、思想・政治・軍事・外交・財政・司法・宗教・教育・文学・交通・産業・社会の変遷と国勢一覧の「明治三十年史」が著名な言論人によって論じられている。又、開国五〇年を迎えた一九〇四年の一月一五日発行（第一〇巻第二号）から一九〇九年二月二〇日発行（第一五巻第三号）までに「明治史」全七編が、議会史（〇四年一月一五日）・財政史（〇五年二月二〇日）・外交史（〇五年一一月二〇日）・産業史（〇六年二月二〇日）・交通発達史（〇六年一一月二〇日）・政党史（〇七年二月二〇日）・文芸史（〇九年二月二〇日）として毎回約二五〇頁を費やして順次連載されている。これらを纏めれば、優に菊判四〇〇頁の立派な『分野別　明治史』が五、六巻出来上がる。アカデミズムの学術誌ではなく民間の言論界の雑誌に五年に亘って連載された、最初の「民間学　明治通史」の試みであると言い得る内容であることを強調しておきたい。

また、大正期に入ると、一九二一年一〇月発行（第三巻第一〇号）の大正を代表する雑誌『解放』が「明治文化の研究」を四六三頁で特集したことは画期的な意義がある。巻頭の「明治文化の研究を編むの辞」で、「明治の革命が日本歴史に与えた影響は過去の如何なる事実よりも大きい。〔略〕明治の文化は決して単純無気力なる模倣ではない。それは切実なる社会的需要に基くものであった。〔略〕資本主義組織を基調とする明治文化は必然に暗黒なる一面を有するが、一千年以来の弊風を一洗して日本を世界の舞台に登場せしめた効果を没することが出来ぬ」（二―三頁）と謳っている。その内容は、三宅雪嶺「明治文化の基礎」・三浦周行「明治文化史概論」の「概論」から始まり、分野別に、「政治外交」は大山郁夫「明治時代に於ける政治外交の基調」等二編、「政治及経済」は山川均「明治の経済組織」等三編、「思想界」は新居格「明治時代に於ける社会思想」等三編、「宗教」は島地大等「明治宗教史」等二編、「哲学及倫理」は土田杏村「「我」の発見の開展史」等二編、「教育」は中島半次郎「明治の教育界及教育制度批判」等二編、「法律」は遊佐慶夫「明治時代の法律史観」、「科学」は石川千代松「明治年間の学術界」等二編、「文学芸術」は馬場孤蝶「明治小説界概観」等五編、「軍事」は満川亀太郎「明治時代の軍事概観」、そして、以下主題別に、山川菊栄「明治文化と婦人」・石川三四郎「明治社会主義史概観」・堺利彦「欧化主義と国粋保存」・千葉亀雄「新聞雑誌の発達」・伊東忠太「明治建築史」・長尾藻城「日本医術の変遷」・藤沢衛彦「明治流行歌尽し」・赤堀峯吉「洋風食物志」・森川梅月「菓子変遷志」等々、全五八編が満載されている。全体的に幅広い分野に亘る目配りの編集であることが特筆され、執筆者のほとんどが在野民間で活躍している者ばかりで、大山・山川夫妻・土田・新居などの新しい世代の執筆が目立つ。この企画は、「明治文化」を大正デモクラシーの思潮の中で新しく捉え直す機運が高まってきたことを物語っており、従来の「明治史」特集中、出色の出来栄えである（この特集について、恩師の日本近代史家大久保利謙先生はかつて私に「本書は若き日の佐野学の仕事である」と語られたことがある。先生没後に令息利泰氏がご恵与下さった本誌表紙見返しに先生自筆で「「明治文化史」の先駆的作品　大正デモクラシ期の明治文化研究の最初の集大成ともいうべき文献」、裏表紙見返しに「本誌は佐野学の編輯と聞いている」と明記されている）。実に、幅広い「明治文化」に関する論考集で、この時期の「民間学」の粋が凝縮されている感がある。

更に、『太陽』は昭和初年の一九二七年六月一五日発行（第三三巻第八号）の博文館創業四十周年記念増刊で「明治大正の文化」を七〇〇余頁で特集している。内容の一部は、高橋亀吉「明治大正経済盛衰史」・黒田鵬心「明治大正の美術」・伊原青々園「歌舞伎芝居の変遷」・金子筑水「明治大正哲学」・比屋根安定「明治大正六十年間の宗教を顧みて」・橋戸信「明治から大正へのスポーツ」・木村毅「明治大正翻訳文学の概観」・森岩雄「明治大正映画史」・横井時敬「明治大正の農業」・三宅雪嶺「明治大正の人物」・渡辺萬次郎「明治大正本邦科学界の瞥見」・小野秀雄「我邦新聞雑誌発達の概観」・赤松克麿「労働組合発達史」・佐藤功一「建築の変遷」・岡本一平「漫画明治大正史」・白柳秀湖「明治大正の政界に於ける三菱系と三井系」等々全五七編で、これまた実に興味深い民間在野人の健筆ぶりが光っている。本誌奥付の「編輯室より」で、「分量から云っても、優に単行本数冊に匹敵する内容をもつてゐるし、質の方から云っても、当代に於て求め得る最高権威を網羅することができたつもりだ。〔略〕何と云っても、明治大正時代は、日本の歴史に於いて画期的な時代だ。旧い日本と新しい日本とが、そこには交錯し、混融し、争闘してゐる。この意味で、明治大正時代を知ることは、私たち国民の緊急の義務だと言へる」（七〇四頁）と、民間における同時代史の掘り起こしと、国民の歴史意識の形成に貢献しようとする意気込みが感じられる。本特集に至って、初めて明治期から大正期までの日本近代史に対する検討が大変広範囲な領域に広がって、正に回顧と研究が混在した形で提示されていることが注目されるのである（ここに寄稿している恩師の明治文化研究の第一人者である木村毅先生はかつて私に、「この特集は、早稲田の同窓で、昵懇にしていた平林初之輔の企画と編集で出来たものだ」と教えて下さったことがある。もし、そうであるならば、平林の「明治大正史」に向き合う目配りの広さと見識の深さを看取することが出来る)。

なお、右の雑誌等の総合的分野の特集とは異なるが、『社会科学』の一九二八年二月一日発行(第四巻第一号)の「日本社会主義運動史」特集(黎明期・勃興期・展開期に分けた、各実践の当事者で網羅された全三六編で構成)は、纏まった分野史の先駆的なものとして、学術的な「社会主義研究」に証言集・資料集として多大な貢献をなすものである(この特集についても、木村毅先生はかつて私に、「この特集は、日本の色々な社会主義を網羅したもので、親交を重ねた大宅壮一が編集したものだ。」と教えて下さった。)。

以上、紙幅の都合で題目のみを掲げざるを得なかったが、題名自体にも、「民間学」の豊かな眼差しを看取できるであろう。こうした「民間学」が学術的な「歴史学」としての日本近代史研究の重要な証言集や資料集の提示となって、次の本格的な日本近代史研究に貢献していくのである。

二、記念の「明治文化」回顧の記録

歴史的記念の年に際し、民間における「明治文化」に関する記念出版や当事者・関係者の講演記録の刊行が、その後の学術的な「明治文化」研究に貴重な資料を提供していることは言うまでもない。それらの内容が日本近代史研究の黎明期における注目すべき出版であるため、概観しておきたい。

まず、大隈重信が監修者となって一九〇四年の開国五〇周年を迎えるにあたり『開国五十年史』の編纂を進めている。そして、日露戦時中に成稿になったものを更に整備して一九〇七年一月と翌年二月に上下巻・付録一冊として刊行した(開国五十年史発行所)。上巻「例言」に「本史の目的は我国現代に於ける新歩発達の源委、曲折及び其の経過、変遷の跡を詳述し、以て殊文異域の海外に普く此の特質ある曠古の事歴を知悉せしめんとするに在り」と、幕末開国以来五〇年の発展の歴史を「殊文異域」の外国に伝えたいという熱意によるものである。大隈自身が上巻巻頭に序論としての「開国五十年史論」を、下巻巻末に総括としての「開国五十年史結論」を執筆している。上巻には伊藤博文「帝国憲法制定の由来」・島田三郎「開国事歴」・井上勝「鉄道誌」・近藤廉平「海運業」・三宅秀「医学及び衛生」等三〇編、下巻には三宅雪嶺「哲学的思想」・坪内雄蔵「国劇小史」・鳥谷部銑太郎「新聞紙雑誌及び出版事業」・川島甚兵衛「織物史」の他に、藤岡作太郎「風俗の変遷」・安部磯雄「社会主義小史」等々注目すべきものなど三二編、合計全六二編である。これは単行本による実に広範な分野に目配りした初の分野別総合的日本近代史である。そして、執筆者はいずれもその分野の当事者であるため、証言的な史料価値をもっている。なお、本書は外国への伝達として刊行されたため、当然ながら、英文版二巻（**Fifty Years of New Japan, Smith, Elder, & Co., London 1909**）と漢文版一巻（『開国五十年史』、一九〇九年九月、開国五十年史発行所）も刊行されている。

次いで、一九〇九年二月一一日、早稲田大学で約八千人を集めて「憲法発布二十周年祈念式」が挙行された。代読を含めて総長大隈重信・板垣退助・桂太郎首相・貴衆両院議長らの祝詞の後、学内八ヵ所に分かれて記念講演会が開催された。第一会場での大隈重信「憲法の過去未来」以下、第八会場の島田三郎「憲法に関する人道問題」まで、高田早苗「憲法発布の回顧」・金子堅太郎「帝国憲法に就いて」・田中正造「憲法に就ての感想」・花房直三郎「統計研究上より憲法に就て」・久米邦武「大政維新と立憲政治」・肥塚龍「憲政二十年の所感」等々二六名が史料的に注目される興味ある講演をしている。大隈の講演（『早稲田学報』一九〇九年三月、第一六九号掲載）以外の講演速記録は全て早稲田大学編輯部編『憲法祈念早稲田講演』（一九〇九年三月、早稲田大学出版部）に収録されている。折からの「日露戦後経営」を背景とした時期における日本憲政史の研究にも貴重な歴史的証言集となっている。
また、一〇年後の一九一九年二月九日にも、早稲田大学で「憲法発布三十年祝賀祈念講演会」が挙行された。島田三郎「政治教育普及の急務」・金子堅太郎「憲法制定の由来」・大隈重信「憲法制定に就いて」等六名が講演している。大隈の講演（『早稲田学報』一九一九年三月、第二八九号掲載）以外の講演速記録は全て前田多蔵編『早稲田叢誌』第二巻（一九一九年一二月、早稲田大学）に収録されており、これもまた、明治憲政史を中心とする日本近代史の研究に役立つ証言集である。

次いで、一九二四年一二月七日に早稲田大学の旧大隈邸大書院で、大隈重信が創設した大日本文明協会の創立一五周年を記念する「明治文化発祥記念会」が、由利公正筆の「五ヶ条の誓文」が掲げられている中で開催された。本会は、明治時代に日本の文化の発展に貢献した外国人を調査して顕彰するとともに、広く明治文化の発祥の因由を究明することを目的としたもので、事実上の推進者は協会理事長市島謙吉である。参列者は主賓の各国大使公使・日本文化に関係ある欧米人やその遺族・明治文化に貢献のあった者等の名士約三〇〇名である。この記念式で配布された『明治文化発祥記念誌』（協会の機関誌『文明大観』第六冊、一九二四年一一、一二月合併特別号）は特に注目される。本誌には、「明治文化に寄与せる欧米外人の略歴」一覧表の後にボアソナード等の法制経済三一名、ヘボン等の宗教二三名、フルベッキ等の教育三八名、ハーン・フェノロサ等の文芸美術二六名、モールス等の理科三九名、ウィルス等の医科二七名、ワグネル等の産業二五名、コンドル等の建築土木一八名、カーギル等の交通一七名、メッケル等の軍事一八名、補遺四一名の合計三〇三名が数行づつ紹介されており大変役立つものである。今日我々はこの種のものとして『お雇い外国人』全一七巻（一九六八年三月〜七六年一一月、鹿島出版会）を活用しているが、右の記念誌はこれらの調査の先駆的意義を持つものである。更に、同誌には「明治文化回顧録」として、三宅秀「スコット先生とモールス先生』・井上哲次郎「フェノロサ及びケーベル氏のことども」・石川千代松「モールス先生と進化論」・川合貞一「アーサー・ロイド先生及リスカム先生の思出」・浅野応輔「ダブュリー・イー・エルトン先生」・柴山準行「ニコライ師のことども」・渡辺修二郎「明治前後日本の事情に精通し国交及学界に功労ありしアーネスト・サトウ氏」・田中阿歌麿「ブリデル先生とモーレー先生の思出」等三四名が多方面に亘る功労のあった欧米人に対する興味深い回顧を記している。なお、この記念会の目玉は、かつての大隈の居間と寝室を会場とした「明治文化発祥記念展覧会」で、この日のために各界の本人や遺族から提供された貴重な資料約二七〇点と早稲田大学図書館出陳の資料約一七〇点であった。これらの目録は、「明治文化発祥記念展覧会陳列品目録」（森脇美樹編『明治文化の記念と其批判』、一九二五年三月、大日本文明協会事務所。一一一—一二三頁）と『大日本文明協会主催　明治文化発祥記念会出陳目録其一』（一九二四年一二月、早稲田大学図書館）で知ることができる。更に、この記念会は、当日の一二月七日と八日に四会場で「明治文化批判講演会」も開催している。七日の早稲田大学では鎌田栄吉「文明と教義」等三名・同日芝公園協調会館では後藤新平「維新当時の化学的政策」等四名、八日の東京帝国大学では下村宏「非理法権天」等二名、同日東京商工奨励会館で日置益「明治の文化について」等三名、合計一三名の史料とするに足る興味深い講演がなされた。この内一〇名の講演速記は前掲『明治文化の記念と其批判』に収録されており、「明治文化」をめぐる貴重な証言記録集となっている。

　文明協会（一九二五年七月、大日本文明協会を改組改称）は、前述の「明治文化発祥記念会」の諸行事が「万都の好学家に異常な刺戟を与へ、延いては学界に大きな波紋を画くまでに至った」ことと、『明治文化発祥記念誌』の刊行が「明治史を編むものに得易からさる活資料を提供し〔略〕諸外国の代表者より深甚なる感謝の意を表され、延いて国際文化の精神を発揮する機運をつくるに至った」（文明協会編『明治昭

和　戊辰感想録』（『文明協会ニューズ』第六輯）、一九二八年六月、文明協会、二頁）との好反響に基づいて、更に、同協会は創立二〇年を記念して、「明治戊辰」から一巡した昭和最初の戊辰の年である一九二八（昭和三）年六月二四日に、「明治昭和戊辰記念会」を早稲田大学大隈会館大書院で挙行した。この企画も同会理事長市島謙吉が中心であった（市島の日記「戊辰漫録」巻一、一九二八年四月三〇日条参照。早稲田大学図書館特別資料室蔵）。さて、この記念会は、式典における大隈信常会長の式辞、卒業生埴原正直の趣旨演説、田中義一首相の祝詞（市島謙吉代読）、一木喜徳郎宮相の祝辞、トロイアノヴスキーソ連大使の祝辞、望月圭介内相の祝詞の後、早稲田大学総長高田早苗の「昔と今」と憲政の功労者金子堅太郎の「明治戊辰懐旧談」の講演がなされた（大隈会長の式辞以下金子の講演速記に至るまで、文明協会編『財団法人文明協会三十年誌』、一九三八年六月、文明協会、一六五―一八八頁に収録されている）。そして、出席者には、前掲の『明治昭和　戊辰感想録』が配布された。内容は、明治戊辰前後五年間重要日誌・昭和丙寅丁卯戊辰重要日誌と三宅雪嶺「明治戊辰と昭和戊辰」・川合貞一「第一維新・第二維新」等四名の論考である。更に、この記念会の目玉は、大学の大隈会館各室を会場としたこの日の内覧の後、二五日、二六日に一般公開された「明治戊辰記念展覧会」であった。これは、宮内省・帝室博物館・臨時帝室編輯局・維新史料編纂事務局等の各機関や三条・岩倉・島津・毛利四公爵家、木戸・西郷二侯爵家等々の維新に功労のあった遺族その他から特別に出品してもらい実現したもので、市島を中心に、大審院判事尾佐竹猛、維新史料編纂官藤井甚太郎・薄井福治、臨時帝室編修官渡辺幾治郎・上野竹次郎等の明治維新・明治史研究の専門学者の協力になるものであった。貴重な超一級の史料を挙げるならば、「五条御誓文草案（福岡孝弟、由利公正筆）」「福岡孝弟政体書草案」「徳川慶喜謝罪状」「王政復古通告国書」「奥羽追討の旗」「民撰議院設立の建白書」「版籍奉還建言書」「江戸遷都の建議書」「文久二年遣欧使節一行写真（一冊）」「水戸斉昭献上地球儀の原型」

「明治四年岩倉遣欧大使一行写真（一二五枚）」等々で、合計二六〇余点である（前掲『財団法人文明協会三十年誌』、一八八―一九五頁参照）。当時、このような貴重な史料が民間の団体のこの種の催しに際して一堂に会したことは珍しいことと言って良いであろう。更に、記念会では、同月三〇日に東京丸の内の報知新聞社報知講堂で「明治昭和戊辰批判講演会」を開催し、杉森孝次郎「現代矛盾」・新渡戸稲造「維新とは何ぞや」・三宅雪嶺「明治戊辰と昭和戊辰」・尾佐竹猛「昭和二年の官吏公選」の順で講演が行なわれた。記念会は、こうした一連の記念式典・展覧会・講演会が好評裏に終わったことを受けて、急遽更に「明治初一年史」即ち「明治元年史」たる文明協会編『明治戊辰』（同年一一月、文明書院）を刊行した。内容は、平沼淑郎「序説　戊辰連想」・三宅雪嶺「総説　明治戊辰と昭和戊辰」・市島謙吉「明治戊辰の回顧」以外は、維新史料編纂官藤井甚太郎「大政奉還に関する考察」「王政復古の大局面」「鳥羽伏見の戦につきて」「明治元年の官制に就いて」、同薄井福治「江戸開城の経過」「彰義隊戦争と輪王寺宮」「榎本武揚の品川海脱走」「東京奠都と御東幸」、尾佐竹猛「五箇条の御誓文付政体書並官吏公選」、臨時帝室編修官上野竹次郎「御親政行幸」「御即位礼」「改元」、同渡辺幾治郎「奥羽戦争」「北越戦争」「函館戦争」「戊辰戦争の結果と結論」、同中島利一郎「和歌にあらはれたる明治維新」の論考を一瞥して看取されるように殆んど全てが、前述した一連の各特集の執筆者や講演者に比べて、それ以後の世代で、しかも日本近代史を職業として学術的に専門に研究している歴史学者が執筆しているのである。三宅・市島のように幕末生まれの言論界の重鎮の「明治歴史の証言者」とは異なる新しい世代の新進の近代日本史を検討する研究者が次第に台頭して執筆しているところに、昭和初年の日本近代史研究の本格的な胎動を確認することができる。

三、明治文化研究会の「明治文化」検討

明治から大正期にかけての思想啓蒙同人集団や組織には、明治前期の在官者の多い明六社と共存同衆の後、中期からの「民間学」的体質を濃厚に有した民友社・政教社・平民社、末期から大正期にかけての大日本文明協会・黎明会・明治文化研究会等が挙げられる。これらの中で、最も長く「明治文化」の検討に終始したのは明治文化研究会である。

明治文化研究会は一九二一年秋から明治時代、特に日清戦争頃までの明治前半期の文献を真剣に蒐集し出した吉野作造が主導的な役割を果たして一九二四年一一月に結成された。始まりは、井上和雄が宮武外骨に明治文化についての検討を提案していたのに吉野が大賛成して、吉野が会長となって、他に石井研堂・石川巌・尾佐竹猛・小野秀雄・藤井甚太郎の賛同を得て八人の同人で発足した。吉野が、「明治文化の研究に志せし動機」で回想しているように、後述する国家学会が創立三〇年記念として計画した『日本憲政経済史論』への談話者の一人として、同会が伊東巳代治を選定し、「伊藤公〔伊藤博文〕を助けて憲法の起草に与つた人々の中一番深く実際の機密に与り且一番多く公に献策したものが氏〔略〕、憲法の基本ともいふべき部分を受持つたのが氏〔略〕、之等の重要部分に関する書類の全部は今日現に同氏の手許に保存されて居る〔略〕、之等の点から観て帝国憲法制定の本当の由来は独り同氏に依てのみ与り聴くを得る〔略〕当時我々は金子氏〔金子堅太郎〕よりも寧ろ伊東氏に詳しい話を聴きたかつた〔略〕色々評議の結果、我々の先輩なる某博士〔穂積陳重〕を煩し、親しく伊東氏に会し学界の為に枉げて我々の乞に快諾を与へられんことを求めることにしたのであつた。所が矢張り駄目で、氏はあべこべに今日之を公表するは機の宜しきを得ざる所以をば熱心に説いたといふことであつた。」（〔　〕内は佐藤の注記。『新旧時代』第二

年第一冊、一九二六年四月、二一—三頁）と回想しているように、明治憲政の歴史的核心の証言を得ることのできぬ厚い壁がこの頃も依然としてあった。又、これ以上に「往時のデモクラシー」即ち明治のデモクラシーの主張は「時勢はまだ之を採用するまでに進んでゐない。故に一寸でも之を試みれば失敗するにきまっている」と時期尚早の段階であったが、大正に入っての「今のデモクラシーは之に反して時勢の必要に促されて起つた。古い時勢の必要であつた専制的官僚政治ではもう立ち行かなくなつた。〔略。だが、〕古い人はこの時勢の変化を見ない」が故に、自分は「斯うした古い人達の迷妄をひらかなければならぬ」と強く思い、「斯くして私は明治政治思想の変遷史を明にすることが、当面の政界開展の実際的目的を達する上にも極めて必要だと考へたのである。〔略〕老輩が多年の実験に依て堅めた見識を打破する為には、歴史の光りに依て彼等の議論の背景たる時勢を明らさまに示すに限る。之には是非とも明治文化史を研究せねばならぬ」（同上、五—七頁）と考えたのだという。発足の翌年に畏友柳田泉と同人になった木村毅は吉野の明治文化研究に邁進したこうした動機を再三聞いており、「国家学会が創立三十年記念に『明治憲政経済史論』を出すときに、大隈重信や板垣退助・山県有朋に講演を頼んだんだ。元勲はみんなきたが一人承諾しない者がある。伊東巳代治です。それで穂積陳重さんにいってもらって交渉したら、憲法をつくったときのいろいろな秘密があって、とても話ができんというので、よし、官僚がそんなに隠すのなら、民間のおれの手で調べてやろうというのが吉野先生の動機なのです。だから、あれもやはり官僚主義に対する非常な反発からなんです」（「座談会　維新史研究の歩み　第二回明治文化研究会をめぐって」（『日本歴史』第二四七号、一九六八年一二月、三一—四頁。なお、木村「明治文化とは何か」、『明治文化研究』第一集、一九六八年五月、二一六頁も参照されたい）と、木村流の「明治文化研究会の反逆性」を加味して吉野の「動機」を理解している。

次いで、同人達の実に多彩な広がりに注目せざるを得ない。会長の吉野は、結成時のこの年二月に東京帝国大学法学部教授を辞職して朝日新聞社に入り編集顧問・論説委員となったが、演説（五箇条の誓文事件）や筆禍事件により五月に退社を余儀なくされ、東大で研究室をもつ講師となっていた「大正デモクラシー」運動に理論的根拠を与えた自由主義者。石井研堂は明治中期の『小国民』主筆・江戸時代以後の漂流記の研究や錦絵の研究家として有名で、本会の同人となった二年後に『明治事物起原』（初版一九〇八年）の増補再版を刊行し、以後も増補を進め上・下（増補三版、一九四四年）の遺著を残した著名な「明治文化」の実践者・探究家。宮武外骨は言わば自由民権くずれの言論人で、創刊した新聞・雑誌や著書で過激なパロディを展開して発禁処分・入獄を繰り返した徹底した反骨のジャーナリストで、本会発足の年に東京帝国大学法学部嘱託となり、二年後に新聞雑誌文庫を創立して三〇年間明治期の新聞雑誌の蒐集に努めた「明治文化」の実践者。尾佐竹猛は大審院の判事で、「明治文化」の幅広い雑事に造詣が深く、同人となって明治の憲政史研究や法制史研究の牽引的役割を果たした法曹家。石川巌は哲学館（東洋大学の前身）で学んだ後、東京帝国大学史料編纂所に一〇年間勤務し、西鶴ものや明治初期の戯作書・風俗書の蒐集に努め『書物往来』の編集や本会の機関誌に多く寄稿した熱狂的な書物蒐集家。井上和雄は宮武門下で、『書物三見』を著した明治浮世絵研究家。小野秀雄は東京帝国大学文科大学独文科卒業後、万朝社を経て東京日日新聞社に入り、新聞研究のため同大学大学院に進み、東京日日を退社した翌年の本会発足に参加し、後に上智大学に日本初の新聞学科を設立し、戦後に東大教授となり同大新聞研究所初代所長となった新聞学の先駆者。藤井甚太郎は東京帝国大学文科大学国史学科・同大学院を経て、本会の同人となった時は文部省維新史料編纂官で一九四五年まで同編修官を務めた同人唯一の歴史学日本近代史研究の専門家で、戦後法政大学教授となった明治憲政史家。これらの同人に、早大英文科を卒業して春秋社で『トルストイ全集』編集にあたり、新聞小説「兎と妓生と」や『小説研究十六講』を発表し無産運動にも参加していた木村毅と早大英文科を卒業して大日本文明協会で同会の叢書の編集に当っていた英文学者の柳田泉の最年少の二人が翌年に加わった。ここに、同人により明治文化の諸分野を大体カバー出来る陣容が整った。これらの同人は、リベラルで、反骨精神を有し、「明治文化」を在野の気質から自由に批判することで一致しており、体質的に「民間学」の精神が横溢していた者ばかりである。

本会は発足三ヵ月後の一九二五年二月から機関誌『新旧時代』を創刊してから一九七二年六月の『明治文化研究』第六集（柳田泉自伝）（明治文化研究会編『柳田泉自伝』は第三代の木村毅会長の依頼により、私が収録論稿を集めて実際の編集にあたったものである。同会の最後の刊行物に携わることができ、崇敬していた柳田の仕事の一端を垣間見ることができたのは、当時の私にとって多大なる収穫であった）に至るまで五〇年近くもの間、広く含めて九種の機関誌を刊行し続けた。その大半は史料の発掘・紹介記事、忘れられた人物の紹介と顕彰、エピソードや裏面史等のコラム的・研究余録的な小論が多いが、最後の『明治文化研究』への寄稿者は旧来からの同人や戦前から例会に出入りしていて、「明治文化」に対する同好同臭の士で日本近代史研究の大家となった者が多く、俗称「講座派」「労農派」「歴研派」等の日本近代史研究の諸グループとは異なる「明治文化研究会派」とも称すべき研究者が長大な論文を寄稿している。

こうして、本会の同人が当時既に稀覯書となっていた明治の大小の書や小冊子類を博捜して民間学としての成果を史料として学界に提供したのが、一九二七年から三〇年に刊行した本会編の初版『明治文化全集』全二四巻（日本評論社）である。皇室・正史上下・憲政・自由民権・外交・政治・法律・経済・教育・宗教・文学芸術・時事小説（附続翻訳文芸）・翻訳文芸・思想・外国文化・新聞・雑誌・風俗・文明開化・社会・雑史・軍事交通・科学の全二四篇で、この広範囲にわたる分野に対する目配りにこそ、本会の

「明治文化」に向き合う総合的な関心と捉え方が如実に現われている。本会は、吉野没後一周年の一九三四年四月に、同人等の一六論文を収録した『明治文化研究論叢』(一元社)を編集・刊行しているが、その序文で、「本会創立以来正に十年（略）その始めに当りてや明治文化といへる熟語さへ普及せず、甚しきに至りては学問の対象とならざるかの如く放言するものさへあつたのであるが、本会は今に至るまで毎月の例会を欠かさず、その間『明治文化全集』二十四巻を始めとし幾多の出版物を出し、機関雑誌としては『新旧時代』『明治文化研究』より『明治文化』となり（略）未だ所期の万一に達せざるも資料の蒐集、研究としては敢て人後に落ちざるを自負するものである」(一頁)との貴重な「国民史の資料」を学界に提供してきたことを強く自負している。

この自負心は決して自画自賛の誇張の書ではない。この初版『明治文化全集』全二十四巻の刊行も大きな背景となって、大正末期から隆盛してきたマルクス主義史学の社会構成史や人民史の研究も、以後これらから資料面での恩恵を受けていったからである。なお、本会は、戦後一九五五年から一九五九年に、初版の皇室・教育・宗教・文学芸術・時事小説・翻訳文芸・思想・文明開化・雑史・軍事交通・科学の一一篇を除いて新たに自由民権(続)・社会(続)・婦人問題の三篇を加えた再版『明治文化全集』全一六巻(日本評論社)を刊行し、更に、一九六七年から一九七四年に、初版全部と再版に加えた三篇を復刻し、新たに憲政篇(続)として小野梓『国憲汎論』、別巻として石井研堂『明治事物起原』、補巻1として『維氏美学』(中江兆民訳)、補巻2として『国法汎論』(加藤弘之訳)、補巻3として農工篇が加えられた三版『明治文化全集』全三二巻(日本評論社)を刊行した。ここにおいて、明治文化研究会による明治の「国民史の資料」集が完結したのである。

四、アカデミズムの「明治文化」研究

大正期から昭和初年にかけて、アカデミズムの側にも、「明治文化」研究に対する関心が少なからずあったことに若干言及しておきたい。まず、前述したように（東京）帝国大学法科大学の政治学科関係の団体として設立された国家学会が創立三〇周年記念事業として、一九一九年四月に『明治憲政経済史論』を編輯・刊行している。これは、「維新ノ鴻業ヲ翼賛セラレタル朝野ノ元勲諸公」に対して「其実歴談ヲ聞キ、之ヲ後世ニ貽スコトヲ得ルナラバ、是レ即チ我新日本ノ憲法史及政治経済史ノ活資料ヲ千載ニ伝フルモノ」（国家学会評議委員長穂積陳重「序文」、一五、一〇—一一頁）として、福岡孝弟・金子堅太郎・大隈重信・板垣退助・松方正義・渋沢栄一・山県有朋の七名からの、それぞれ五ヵ条誓文と政体書・帝国憲法・政党・憲政・紙幣整理・経済界・徴兵制と自治制についての「実歴談」を収録したものである。いずれも、その分野の推進当事者であるため極めて史料価値の高いものである。だが、前述した雑誌の特集や記念刊行書に収載された証言集と同様であり、国家学会の学者によるアカデミックな研究書ではない。アカデミズムの日本史学者が本格的に日本近代史（といっても明治維新史研究であるが）を纏まった形で研究を開始したのは、東京帝国大学文学部内の史学会が創立四〇周年を記念して一九二九年一一月に編纂・刊行した『明治維新史』（冨山房）からである。村川堅固・白鳥庫吉・平泉澄・辻善之助・小野武夫・今井登志喜等による西洋・東洋・日本史の中での明治維新の意義、政治・法制・経済・宗教・外交・学術・階級・社会・各藩・風俗等の分野と明治維新についての二五論文に日本と欧文の二文献目録が加えられた八五〇余頁の大冊である。編纂実務に当った秋山謙蔵は「従来この問題に対する論著は頗る多い。然し、我等はその何れに対しても不幸にして未だ満足することが出来ない。何となれば、それらが何れも偏面的解釈に終始し、

未だ学問的客観性に欠くるところがあつた故である。〔略〕学会の権威三十氏は、それぞれ、その専門の見地よりして、ここに、この総合的研究の課題の実現のために協力せられて居る。学問の領域に於ける斯の如き壮挙、またまことに未曾有と称せられねばならない。本書が、今日に於ける明治維新史研究の最もよき文献〔略〕実に学界に於ける画期的貢献を成すもの」（巻末「編者のことば」）と、本書刊行の意義を自負し、又、黒板勝美も「この書が従来の明治維新史研究に於て恐らく最もよく集大成せられ、著作界に於て最も高い地位を占むるものたるを自分は確信する」（跋、二頁）と、維新史研究の集人成と位置づけている。本書は学術的な内容であり、各自が執筆中の、刊行の前年は正に維新以来初めての戊辰の年（一九二八年）であり、「還暦」を迎えて、ようやくアカデミズムが、本格的に日本近代史（といっても明治維新史研究であるが）を検討する機運が現われたことを示す象徴的な出版である。しかし、本書寄稿者の中に、尾佐竹猛・藤井甚太郎・石井研堂の三人の明治文化研究会の同人がいることは、「歴史学」と「民間学」が、ある部分で補完関係を有しつつ、この時期にようやくクロスする事態に至ったことを物語るものである。

おわりに

明治文化研究会発足時からの同人藤井甚太郎は、「大学の講義題目に「維新史」が出たのは、大正十年〔一九二一年〕頃東京帝国大学文科大学で萩野由之教授が一年か二年か開講せられたのが初めかと思う。次いで大正十四年度から京都帝国大学文学部で講師として小生が講義し始めた。これは三年続講次いで大塚武松氏が講義せられそれから隔年小生が講義し、昭和十七年頃迄続いた。明治維新史すら斯様であるから、明治史の如きは尚更であった」〈「先覚者の労苦に感謝する…明治史研究の回顧…」、『近代日本文化史』第三巻月報「近代日本文化」第一四号、一九五五年一〇月、洋々社、一頁〉と官立大学における「維新史」「明治史」の講義が、大正一〇年頃から東京帝大、次いで京都帝大で開講されたことを伝えている。私立大学では、早稲田大学で早くも明治中期から三宅雪嶺が「明治史」を始めており、次いで吉田東伍が「明治史」を担当している。明治から大正期にかけての大学に於ける「維新史」「明治史」という日本近代史の講義はこのような状態であった。

こうした状態の中から、初版『明治文化全集』が刊行され、日本近代史についての本格的な研究の呼び水となり、牽引的な役割を果たした。そして、少なくとも戦後の再版まで、本全集は資料的に「明治文化」の研究をリードしてきた。

日本近代史研究の黎明期を一望するとき、雑誌の「明治文化」特集や記念の「明治文化」回顧の記録出版や明治文化研究会等の「民間学」の「歴史学」への貢献は強調しても強調し過ぎることはないのである。

（二〇〇七年四月六日稿）

第四章　私学

小序　近代日本の私学

〈第四章　私学〉には、第一節「慶応義塾の経営危機」のみを掲げた。

この論文は、第一章の小序で記したと同様の形で、木村毅先生の助手役となった私が木村先生の命を受けて一九七三年三月一五日報告として先生に提出した未発表論文の控えである。

第一節　慶応義塾の経営危機

慶応義塾は明治十一年から十三年頃にかけて、一時財政が最も困難を極め、その存廃の説さえ出されたことがあった。この経緯は石河幹明『福沢諭吉伝』第二巻および慶応義塾『慶応義塾百年史』上巻にくわしく記述されている。以下、私学としての慶応義塾がこの危機に対して如何なる打開策を試みていったかをみてみよう。

慶応義塾は、江戸鉄砲洲、芝新銭座を経て、明治四年に初めて現在の三田に移転したが、これにともない教授上にも、また設備上にも改善拡充が行われて一大学塾となった。しかし、その反面いきおい経費の増大をきたしたことは当然であった。福沢は、これに対応して従来の個人的経営を改めて、わが国初めてともいうべき授業料制度を設けたりしたが、義塾の財政はますます困窮を加えていった。維新戦乱後の社会状態にともなう諸物価の高騰などが拍車をかけ、学校の近代的整備に支障をもたらしたのである。明治初年の慶応義塾のこうしたありさまを、『塾監局小史』は次のように記している。

もともと慶応四年新銭座に移転して慶応義塾と名を改められたとき、その組織も改め、私塾から社中共有のものとしたが、その資金は一銭の蓄えもなく、入社金と授業料だけで維持して来たし、不足分は福沢先生の私財によったものであり、即ち三田の土地の購入、校舎の構築、三田演説館、万来舎、医学所等の建設その他経常費の不足等に至るまで先生の寄附によるものである。（九頁）

これは明治四年から八、九年頃までの経過である。

経営の危機を招いたのは学生数の激減であった。慶応義塾の入社生徒数は明治五年より減少を示しはじめて十年が最低となり、在学生数は八、九年は四年よりも一時増加したとはいうものの、十一年に最低を記録した（『慶応義塾百年史』上巻、七二二頁）。

当時、慶応義塾は学生数においても名実ともに府下第一等の私学であった。そして、もともと明治初年に洋学を志望して慶応義塾に入学したもののほとんどが士族であって、平民は僅かに過ぎなかった。したがって、明治二年の版籍奉還とこれにつぐ禄制改革、四年の廃藩置県とこれにともなう禄制整理、そして最終的な九年の秩禄制度の全廃は士族に甚大な影響を与えた（深谷博治『新訂華士族秩禄処分の研究』）。このため、いきおい私学など学校への入学者減少が顕著となりはじめたのである。右の慶応義塾の五年からの減少はこのことを如実にものがたっていると思われる。加えて、政府の官学偏重の方針は従来の藩費生制度を府県公費生制度に変改し、その際、私学に対しては、「今度私塾之生徒へ公費支給之儀一切廃止候」（明治五年二月、文部省布達第六号）としてしまった。旧藩時代より引き続いた府県の公費生を半数ほど有する慶応義塾はすこぶる動揺した。福沢はこれに対して当局に善処を要望する上申書を出したが、この問題はただに慶応義塾のみならず、府下の私塾にとっても共通の危機であった。

こうした学生数の減少を決定的にしたのが明治十年の西南戦争であった。この影響で、右に示したように、慶応義塾の入社数は十年に最少となり、在学者は十一年に最低となったのである。西南戦争は士族に大きな衝撃を与え、二重の意味で慶応義塾に影を落としたと言える。一つは、在学中の士族自身が動揺し、ことに鹿児島出身者約四〇名が帰郷したのをはじめとして、多数の退学者を生み出したことである（『慶応義塾百年史』上巻、七二六頁）。他の一つは、西南戦争は十年九月には平定されたとはいうものの、この内戦に対処した政府が軍費補填のために紙幣を濫発した結果、貨幣下落・物価騰貴となり、経済生活の困窮が入学者を抑制したことであった。こうした原因から学生減少は私学としてはそのまま直接収入減となってあらわれ、慶応義塾の収入は明治九年より漸減しはじめ、西南戦争後の十二年のごときは六年の三分の一にも達しないありさまとなった（同上、七三六頁）。

こうした窮情の危機に直面した福沢は窮余の策として止むを得ず知己の多い政府当局者に対して維持資金の借用を願い出でることにした。当時、政府は公益増進の建前から民間の商工業者に対して保護又は補助等の名目で資金を出していた。福沢は教育事業もまた国家の公益に資すること最も大なりとの考えから、慶応義塾資本金借用の願を東京府知事の手を経て、明治十一年の暮文部卿西郷従道に差出すことにしたのである。もちろん福沢はこの願書をすぐさま提出したのではなく、政府当局者に直接談判したり相談したりして、諒解および同意を得るという周到な用意の上で行動に出たのである。その際、終始協力を惜しまなかったのは大蔵卿大隈重信であった。左に示す明治十一年十一月二十九日付の福沢の大隈宛書翰は政府からの資本金借用運動の最初の経緯をものがたるものである。

昨日は参上御休息の処御妨仕恐入候扨其節御内議申上候一条今日文部卿（西郷従道）へ内話之前文部省へ立寄り田中氏（不二麿文部大輔）へ一応話し致し候処氏曰私塾を補助するの一事は兼て本省の宿案既に其調もいたし候位此度之一條は何処までも周旋致度又可致之処爰に難事と申は文部の定額は実に定額にして百円の猶予もあらす此額内にて融通は固より不出来去迚これを特別の事として政府に持出さん歟必す省中の評議に掛けさるを得ず之を評議に掛ければ必す様々議論もあらん依て案するに此事は素と抵当を納て金を拝借す

る事柄なれば直に大蔵へ出願大蔵より文部へ私塾の性質を聞合に及ふ抔の手順なれは文部は飽くまで之に応して該塾へ資本御貸渡は至極尤もなり云々とて云はば請人に立つべし斯くしては如何との即案なりこれにて田中氏に分れ文部卿の宅に参り懇々談話の処卿は何れ大蔵卿へ示談何れ之路に由るべきや其辺の内実分り次第報告可致ニ付其上にて願書差出し可然兎に角願書案一通預り可置との事其語気甚懇切なるものゝ如し何れ明日にも文部卿より御内話可有御座候義に付尚此上の手続御差図奉願候

右の次第に付御約束の通り願書案一通御手許へ差上候御落手奉願候

又願面に二十五万円と記したるは二十万ならは云々三十万ならば云々とあまり注文らしく願面之体裁を失ふ様存候に付確と高を限り候義其成否は固より官之意に任するの外無御座候

弥本願書差出候に付尚其文面に不都合之処も可有御座乍御面倒御差図奉願候此段御礼旁申上度早々如此御座候夜中執筆乱書御海恕奉願候　頓首

十一月廿九日夜

福沢諭吉

大隈先生　侍史

（『大隈重信関係文書』第三巻、四二二頁—四二三頁）

このように福沢は十一月二十八日に大隈を訪ねて斡旋を依頼し、翌日文部省に田中不二麿文部大輔、西郷従道文部卿に面会して二五万円の資本金貸渡しを打診したのである。この時、福沢は田中より直接文部省からは貸出しできないので大蔵省を経て願い出す方が得策であると聞かされ、また、西郷からもそうした手順に沿うべき方策を示唆され、内心安堵の感を抱いた。こうして、他の要人にも働きかけた上で、この年の暮に慶応義塾社頭の名義で「私塾維持の為資本拝借之願」を東京府知事楠本正隆を経て、前述の通り西郷文部卿に差出したのである。その際、「無利足《ママ》金二十五万円、当明治十一年十二月より向十ヶ年の間拝借被仰付度、抵当には福沢諭吉の名前にて実価弐拾五万円に直《ママ》る公債證書を納め可申」と明記した（石河幹明『福沢諭吉伝』第二巻、六五七頁）。この後、無利息二五万円を四朱四〇万円に改めて翌年一月八日に再度東京府知事を経て内務・文部両卿に出願することにした。この前後の経緯を福沢は明治十二年一月十二日付の大隈宛書翰で左の如く記している。

初雪先づ豊年の兆なり。益御清穆被成御座奉拝賀候。先達は拝趨緩々得拝話難有次第、其翌日楠本氏を訪ひ懇々談話候処、同氏も素より同説、大に力を添べしとの事、何れ翌日にも尊邸へ罷出候義と奉存候、右の仕合に付、願書は知事の差図に従ひ親拆と認め、本月八日公然東京府へ差出置候。尚此上の処、宜敷御含奉願。小生恐るゝ処は四拾万と申巨額の響、人の耳に如何可有之哉、併し利子高ければ金額大ならざるを得ず、誠に以困却至極の次第、

七朱利付ノ公債証書ヲ八拾二円ニテ買ヒ取レバ、其利百円ニ付八朱五厘三毛余ニ当ル、此内四朱ヲ官ニ納ル利足トシテ、残四朱五厘三毛余、即チ四拾万円ニ付一万八千百二拾余円ノ差ナリ。

右の計算何とも致方無御座、一方を抑れば一方が揚り、思案にあぐみ四朱四拾万と出願仕候義に御座候。幾重にも御取扱奉願候。此段要用のみ申上度、如此御座候。早々頓首。

一月十二日　福沢諭吉

大隈先生

侍童

（『福沢諭吉伝』第二巻、六六二頁—六六三頁）

福沢は自分みずからあるいは門下の小泉信吉、中上川彦次郎らとこれまで大隈をはじめとして田中不二

麿、西郷従道、楠本正隆らと交渉し、また、海軍卿川村純義、陸軍卿山県有朋らからも賛成を得たのであった。しかしながら、工部卿井上馨より資本金貸出しに対して消極的意向が漏らされたらしい。井上は二年後の明治十四年の政変後の十一月二十八日の閣議でこの時のいきさつを次のように回想している。

財政は甚だ困難なるに、大隈は頻りに商業家に官金の貸下げをなした。僕が大蔵大輔たる時は、一人にも貸下げはせなかつた。昨年も福沢諭吉から、学校へ四十万円拝借したしと申立てたので、大隈は諾したが、伊藤は異議を述べた。福沢が僕を訪ふて周旋し呉れと云ふゆえ、僕は不同意を唱へたるに、福沢は「五代や岩崎へ貸下げ、学校へ貸下げるのに不同意とは解せぬ」と云ふ。僕は之に答へて「君は学者先生と心得て、今日まで交際したが、五代や岩崎などの商人と同等の身分なれば、向来其心得で交際せん、然らば願書を出されよ僕は同意せぬ」と云ふた。

（津田茂麿『明治聖上と臣高行』五四三頁―五四四頁）

これによると、井上は大蔵卿としての大隈財政政策に対して批判的な考えをもち、その観点から資本金貸出しに反対した模様である。このことが、以下に若干触れるように、大隈、西郷らを除く政府部内の要人に福沢に対する微妙な対応ぶりをもたらすこととなったようである。福沢はまた、内務卿伊藤博文も井上に同説であろうと思ったらしい。右の井上の回想に明らかなように、井上と伊藤が反対したのである。この件に関して福沢側の資料をもう少し追ってみると、福沢は二月十日付で井上に資本金貸出しの消極的態度を抗議して次のような書翰を出している。

〔略〕教育に付官より保護の至当にして其適例を挙げんとならば、三菱会社商船学校の如き最も著しき者と云ふべし。該校には毎年一万五千円の補助あり。他なし、国に商船の航海者を作るの趣意ならん。岩崎弥太郎は船士を作り、福沢諭吉は学士を作る。海の船士と陸の学士と固より軽重あるべからず。

（『福沢諭吉伝』第二巻、六六五頁）

このように福沢は国家百年の大計たる教育に対する配慮の欠除に憤り、二卿に対して愚痴すら鳴らさざるを得ない目下の窮情を述べその熟考を強く求めたのである。

福沢は井上、伊藤の態度とその顚末を同じ日の二月十日付書翰で大隈の耳に入れ、さらに、二月十六日大隈に三カ条の志望を述べて、そのうち一カ条なりとも願意の達せられるよう尽力されたい、もしいづれも不可ならば公然却下されたいとの書翰を送った。三カ条とは、一、内閣で評議を遂げ、正理論にもとづいて貸出すこと。一、国債寮より貸出すこと。一、民間に簿記法分布并に商工奨励の教育に付特に本学塾に保護を賜りたきこと、の三点である。しかし、これとて容易に事が運ばず、この件で初めて大隈を訪ねて以来三カ月を経たにもかかわらず何ら具体的な打開策がなかった。そこで福沢は最終的な手段として、大蔵卿の権限に属する一年度限りの借用を申出ることを決意したのである。左の三月十五日付の大隈宛書翰がそれである。

〔略〕老生窃に案ずるに、都て正理論と申は仮令事実に不都合にても突出にても一時は有力なるものゆへ容易に潰れ申間敷存候間、爰に老生も勘弁いたし、極て窮策先きの見込も立ざる事なれ共、大蔵卿の特権、然も其権力に在て他より喙を容るゝこと能はざる彼の一年度限りの拝借相願度、此一段に至て特に懇願の次第は、其一ヶ年拝借の利子を極々低くする歟、若しくは無利息にして、抵当の公債証書も御払下ゲ等にて、多少の便利を御付与被成下候得ば又一時を凌ぐの方便たるべし。即ち出願の趣は難聞届候得共、特別云々の訳を以て金〇〇万円一ヶ年限り貸し遣すと申趣意なり。老生の目論見は此一年の拝借いたし候内、一年の間に世上の有金有志者に説き、金を借りて拝借金上納の積り、若し世上に金を出す者あらざれば、公債証書を売却して返上する事なり。

（同上、六七四頁―六七五頁）

このようにして、四月に入っても伊藤、西郷、黒田清隆、寺島宗則らにも繰り返し極力尽力の労を依頼しつづけたのであったが、進展はみられなかった。窮余の窮策として政府に対して借用金を求めたのであるが、各要人は個人的には福沢に同意を表わしながらも、裏面では政府部内の賛否の事情から、全体としては許可もせず拒絶もせずという微妙な態度を示すという具合で、結局、最終的には政府からの借用は実現しないままに終ったのである。政府からの資金援助が断念の止むなきに至った後、福沢は徳川家と島津家にも慶応義塾を身売りする形で資金援助を願った模様であるが、この運動も何ら効果あるものとはならず、実現しなかった。

ここにおいて、慶応義塾は全く窮地に立つこととなった。まず、その打開を少しでも試みようとして、義塾の教職員は自発的に給与を三分の一または三分の二に減じて人件費の大削減を行ったり、あるいは経費の節減を図るなどの犠牲的行為を断行した。だが、容易に不足は補いきれるものではなかった。ついに明治十三年九月頃、福沢は慶応義塾の廃校を決意するまでに至った。福沢はその意中を社中の主な者に打ち明けて義塾の存廃に関して意見を求めた。その際、小幡篤次郎の家に会合して評議した結果、衆論は義塾はあくまでも存続維持すべきことと帰し、この決定に基づいての危機打開の方策が新たに模索された。かくして、「慶応義塾維持法案」なるものが公表されて、広く資金募集を開始することになった。これは明治十三年十一月二十三日のことであった。政府からの借入金のために大隈に働きかけてからちょうど一年後にして、ようやく打開の端緒を具体化することができたわけである。この挙に率先して参加し、応募した者の多くは教職員であり、およそ一三〇名を数えた。この点、後年の東京専門学校が資金の面でも大隈から独立した時の教職員の困難さと努力という犠牲的行為と通ずるものがある。

慶応義塾はこれにつづけて翌明治十四年一月二十三日、京浜在住の維持社員が三田の義塾演説館に会合して、「慶応義塾仮憲法」を定め、この仮憲法に従って理事委員二十一名を選出し、義塾の学事をはじめとする運営機構を整えることとした。言わば、慶応義塾が福沢個人の手より離れて、以後は理事委員に経営の主体が移されたことになったわけである。このようにして、「慶応義塾維持法案」によって醵金の義塾への使用法と義塾の定款が初めて定められ、募金の申込総額四万四千円余、払込総額二万三千円余を記すことができるようになったのである。こうした対策によって、慶応義塾はその財政経営危機を切り抜けることができ、明治二十年頃まで維持することが可能となったのであった。

ところで、西南戦争による学生数の減少の件は、幸い十三年頃より次第に増加しはじめ、明治二十一年には初めて一千名を超えるまでに至った。このため、維持会中からは毎年平均二千二、三百円のみを支出するだけにとどまり、明治十九年末には一万二千円の残金までも捻出するまでになったのである（『塾監局小史』九頁）。

慶応義塾が最初の経営危機を幾多の努力を払いながらようやく自力で克服しつつあった頃、やがては私学としてこれと同様の危機に直面することとなる東京専門学校が早稲田の地に開校の鐘を響きわたらせたのは明治十五年十月二十一日のことであった。

（一九七三年三月一五日報告）

第五章　人物

小序　近代日本の人物（『民間学事典』掲載）

〈第五章　人物〉には、第一節「近代日本の人物」のみを掲げた。これは、鹿野政直・鶴見俊輔・中山茂編『民間学事典』人名編・事項編（三省堂、一九九七年六月）に、学部以来ご指導していただいている鹿野政直先生のご推薦で私が執筆した近代日本の人物二九名と、便宜上、ここに加えて事項三点も収録したものである。

人物は、阿部次郎・飯塚納・植木枝盛・大隈重信・岡倉天心・小野梓・茅原華山・狩野亨吉・北村透谷・木村毅・桐生悠々・古在由直・小室信夫・渋沢栄一・島田三郎・田岡嶺雲・田口卯吉・田中王堂・田中正造・東海散士・徳富蘇峰・中江兆民・中村正直・馬場辰猪・福沢諭吉・細井和喜蔵・山路愛山・横山源之助・吉野作造、事項は、共存同衆・私擬憲法・自由民権運動である。

第一節
「民間学事典」の人名・事項

〔人名編〕

あべじろう　阿部次郎　一八八三（明治一六）～一九五九（昭和三四）　哲学者・美学者。

山形県飽海《あくみ》郡山寺村（現・松山町）に生まれる。父は小学校教員（のち校長）。小学校高等科のころから哲学書を読みはじめ、荘内中学校在学中に哲学志望を固め、父の転勤にともない山形中学校に転じて、内村鑑三・島崎藤村・森鷗外・樋口一葉などの作品に親しんだ。校長排斥運動のため放校されて上京、京北中学校、第一高等学校をへて東京帝国大学文科大学哲学科に入学した。一高時代に安倍能成《よししげ》・岩波茂雄・斎藤茂吉らと親しくなり、ケーベル、ダンテ、トルストイ、また日本文学や詩・評論を愛読し、大学に入学するやみずからに「あらゆる知識を網羅して終に価値論に集注するが如き不可能の勉強計画」を課した。典型的な秀才タイプで、幅広い教養主義を実践する指向をしめしていたが、人間的な豊かさもそなえていたため学友たちからも人望をあつめた。一九〇七年（明治四〇）卒業論文「スピノーザの本体論」を提出して大学を卒業し、〇九年夏目漱石に師事し、森田草平・小宮豊隆らと親交するようになった。理想主義に根差した人格主義の評論活動を展開し、一三年（大正二）より慶応義塾大学講師の後、二二年欧州に留学、翌年帰国して東北帝国大学教授となり、四五年（昭和二〇）の定年まで美学講座を担当した。

『三太郎の日記』 学究的な著作として『倫理学の根本問題』（「哲学叢書」第六編、岩波書店、一九一六年）、『美学』（同第九編、一九一七年）や『徳川時代の芸術と社会』（改造社、一九三一年）などが評価されているが、阿部の名をもっとも高からしめているのは『三太郎の日記』（正しくは一九一四年の『三太郎の日記』と翌年の『第弐 三太郎の日記』に第参をくわえた一八年の『合本 三太郎の日記』（岩波書店）をさす）である。二六歳から三五歳までの間に記された「個性・芸術・自然」「沈潜のこゝろ」「遅き歩み」「砕かれざる心」「芸術のための芸術と人生のための芸術」等々の作品をおさめたものである。感受性豊かに内省的な姿勢を一貫させて、悩み、動揺し、そして自己を問いつづけて、全人格的な統一を希願しようとしたこの「彷徨」の書は、これにつづく『人格主義』（一九二二年）とともに、阿部をいわゆる大正期教養主義の第一人者にするとともに、以後、哲学的に人生を考えようとする青年知識層に、いわば「通過儀礼」の如き古典的名著と目されて愛読されつづけた。

また、編集主幹となって友人岩波茂雄の岩波書店から小宮・安倍らの同人と刊行した『思潮』（一九一七〜一九年、全一九号）は、和辻哲郎「古寺巡礼」、田辺元「道徳的自由」、西田幾多郎「日本的といふことに就て」などを掲載して、短期間ながら大正教養主義の一牙城をなし、やがて、二一年から創刊された岩波書店の「真、善、美に奉仕する」学術雑誌『思想』の先駆をなした。『阿部次郎全集』全一七巻（角川書店、一九六〇〜六六年）があるが、その全般に関する学問的研究はそれほど多くはない。

【参】船山信一『大正哲学史研究』法律文化社、一九六五　新関岳雄『光と影―ある阿部次郎伝』三省堂、一九六九　上山春平『日本の思想』サイマル出版会、一九七一

いいづかおさむ　飯塚　納　一八四五（弘化二）〜一九二九（昭和四）　自由民権論者・漢詩人。

字は修平。号は西湖。代々松江藩の藩医の子として出雲に生まれる。一八七〇年（明治三）集議院へ漢字廃止論を建白し、同年西郷隆盛らの推挙で明治政府の徴士として仏国に留学し、アコラスに法制を学ぶ。当時留学中の西園寺公望・中江兆民らと親交する。留学中、独国女性ボーレンと結婚して、八〇年、妻子（修・阿利須）とともに帰国した。折から高揚していた自由民権運動に賛同して、西園寺が社長で、中江が重きをなす『東洋自由新聞』の副社長として、自由民権思想を鼓吹した。しかし、天皇の命令で、貴族の西園寺が社長を辞任し退社を余儀なくされるにともない、自身もこれに強い憤りを抱いて退社。以後、言論の筆を折り放恣な生活をつづけた。だが、その才能が惜しまれ、伊藤博文、青木周蔵、花房義質らに官界に招聘されたが、在野の生活を堅持し、居を大阪に移して著名な漢詩人として名を成した。また、黒龍会・対支連合会の会員としても活躍した。著書に『西湖詩集』、権藤成卿編『西湖四十字詩』がある。

【参】桑原羊次郎「飯塚納」「飯塚納伝補遺」『伝記』（八ー五・七）伝記学会、一九四一

うえきえもり　植木枝盛　一八五七（安政四）〜一八九二（明治二五）　自由民権思想家・政治家。

土佐藩士の子として土佐国井口村（現・高知市中須賀）に生まれる。藩校致道館をへて一時上京して学んだが帰郷。征韓論争で下野していた板垣退助の演説に触発されて政治に目覚め、ふたたび上京して独学で西欧の政治思想を猛勉強した。福沢諭吉や中村正直などの著作や翻訳書をつぎつぎに買いこんで読破し、明六社演説会や三田演説会に出入りして福沢をはじめ啓蒙知識人による西欧市民社会の自由と平等を根幹とする権利の精神を貪欲に吸収し、自由民権論者となっていった。その勉学の経緯や思考のあり様は、以後の足跡をもふくめて、「日記」「購求書日記」「閲読書日記」や大小の手控え記録「無天雑録」などにこ

まめに記録されている。

自由党と民権運動　一八七七年（明治一〇）郷里に帰って立志社にくわわり、立志社建白書の原案起草に参加、著作活動とともに地方遊説をおこなった。翌年、地方民会として重要な土佐州会の議員に選出されて州会章程を起草するなど地方自治の確立につとめ、愛国社再興、国会期成同盟の結成、有志結成の自由党、そして八一年の自由党の結党などに参加した。その際、政治結社として欠かせぬ重要な草案づくりなどに本領を発揮、板垣退助の有力なブレーンとなり、自由党きっての理論家となった。この間、『民権自由論』に「民権田舎歌」を付して刊行（一八七九年）、「人の上には人はなく、人の下にも人はない、こゝが人間の同権じや、権利張れよや国の人、政府は民の立てたもの、法度《はっと》は自由を護《まも》る為め、官的《かんて》きや吾儕《おいら》の雇ひもの」などと口語体で平易に自由と民権の思想を啓蒙し、地方遊説活動をおこなった。

「明治一四年の政変」をうけて民間では憲法草案（私擬憲法）という形で国家構想がしめされ、四〇種に達する各種の草案が提示されたが、植木も「日本国憲法」「東洋大日本国国憲案」「日本国国憲案」の三種類の草案を作成している。そのなかで特筆されるのは、人民主権・議会一院制・基本的人権の保障とともに、死刑廃止を規定したり、国家に対する抵抗権と革命権を条文化していることである。これらは、他の草案にはない徹底した民主主義の精神を盛りこんでいる。

その社会運動　八二年には京都で全国の酒屋会議を組織して増税に反対する決議に参画、その翌年に加藤弘之が『人権新説』を出すや自由民権の立場から『天賦人権弁』を発表してこれに批判をくわえ、また「飯田事件」の蜂起に転用された激文を起草するなど、理論家の面だけでなく戦術面でも多様な方法を展開した。八四年に自由党が解党すると高知に戻り、八六年から八八年まで高知県会議員となって県政に活動するとともに、それまでの政治行動の枠を広めて、婦人参政権や廃娼論などの婦人解放や風俗改良のための啓蒙活動（『東洋之婦女』一八八九年）を積極的におこなうようになり、幅広い社会運動家としての像を新たにしていった。八八年大同団結運動で上京し、各地を遊説し、議会開設にそなえ、九〇年の初めての総選挙で高知第三区より出馬して当選した。立憲自由党の結成に参加して第一議会に臨んだが、予算案の削減を巡る政府と野党との攻防のなかで、ほかの党員や野党勢力との提携を崩す「土佐派の裏切り」にくわわって自由党を脱党した。第二議会で解散となり、復党して総選挙に臨んだが、発病して九二年一月に死去、他殺の疑いもあるという。

植木は文明開化期の啓蒙思想を主体的かつ実践的に継承して発展せしめた若い世代の思想家であったといえる。しかも外国遊学の経験がなく、正規の高等教育もうけず外国語を解することもできなかったが故に、かえって翻訳書によってストレートな形で西欧の思想を純粋に摂取できたものと考えられる。他面、その思想と行動を内在的にとらえてみるとき、同時代に抜きんでた婦人解放思想も私生活までには貫徹し得ない面があった。「革命思想の先駆者」植木はさまざまな検討課題をもちながらも、日本の民主主義の精神史を在野の眼でみるとき、「激励」とともに「教訓」をもたらす稀有の思想家であるといえるだろう。その航跡は、『植木枝盛集』全一〇巻（岩波書店、一九九〇〜九一年）でたどることができる。

【参】家永三郎『植木枝盛研究』岩波書店、一九六〇　松永昌三『中江兆民と植木枝盛』清水書院、一九七二　外崎光広『植木枝盛と女たち』ドメス出版、一九七六

おおくましげのぶ　大隈重信　一八三八（天保九）〜一九二二（大正一一）　幕末〜大正期の政治家。

佐賀藩砲術長の長男に生まれ、漢学、蘭学をへて英学に転じ、蘭系米国人フルベッキに英学を学び、長崎の英学校致遠館の設立に参画して教育に従事した。一八六四年（元治元）藩当局に経済政策を建言し、

藩命でしばしば長崎—兵庫間を往来し、のち脱藩上洛して大政奉還運動を試みたが佐賀に送還された。

政治活動　六八年（明治元）明治新政府に登用され、英国公使パークスとキリスト教処分問題で交渉するなどしてその手腕が認められ、外国官副知事、大蔵大輔《たいふ》、参議、大蔵卿へと累進した。この間、鉄道・電信建設、予算会計制度、工部省設置など文明開化政策の推進に貢献し、また岩倉具視使節団の派遣を献策し、その留守政府内では西郷隆盛らの征韓論に反対した。八一年に憲法意見書を奉呈して政党内閣制を基軸とする即時総選挙、議会開設を主張し、また、折からの北海道開拓使官有物払い下げに反対したため、薩長藩閥勢力と宮廷グループなどに排斥されて政府から放逐され、同志の官僚多数も連袂《れんべい》辞職した（明治一四年の政変）。

政変後、立憲政治と立憲国民の育成を実行に移して、八二年に矢野文雄・小野梓らと立憲改進党を結成するとともに小野・高田早苗らと東京専門学校（早大の前身）を創設した。八八年第一次伊藤博文内閣の外務大臣にむかえられ、つぎの黒田清隆内閣にも留任して条約改正交渉にとりくんだが、外人裁判官任用問題で世論の反対にあい翌年襲撃されて右脚を切断した。帝国議会開設にともない立憲改進党代議士総会長となり、九六年同党を中心に進歩党を結成し、第二次松方正義内閣と提携し外相となった（松隈内閣）。九八年板垣退助とともに自由党と進歩党を合同して憲政党を結成し、最初の政党内閣第一次大隈内閣（隈板内閣）を組織したが、両派の対立と閣内確執のため四か月で総辞職した。一九〇〇年憲政本党総理となり政治活動をつづけたが、〇七年辞任して早大総長に就任し、以後は民間の立場から幅広い「文明運動」に邁進したが、一四年政界復帰をもとめられて第二次大隈内閣を組織した。

明治文明の推進者　大隈は「政治は我が生命」と唱え政治家として終始したが、同時に明治文明の推進者としての役割を果たし、官と民とのあいだを遍歴しつつも生涯薩長藩閥に対抗して明治の政界に独自の在野性を保ちつづけた。とくに早大を創立し、同志社大学や日本女子大学の創設に熱意をしめして私学の育成につとめたことが特筆される。また、〇五年に国書刊行会の総裁となって『続々群書類従』以下の浩《こう》瀚《かん》な出版事業に尽力し、〇七年から翌年にかけて島田三郎・井上勝・大槻如電・山路愛山・三宅雪嶺・渋沢栄一らの寄稿を擁して、開国以来半世紀の日本の近代文明の発展を概観した『開国五十年史』上・下巻（付録一冊）を執筆監修し、〇八年には大日本文明協会を設立して欧米の最新名著の翻訳出版・文化講演会・時局講演会を展開し、とくにその翻訳出版は二〇年後の岩波文庫の洋書翻訳の先駆をなし、一三年（大正二）にも文明史論『開国大勢史』を述作したことなどが注目される。また、総合雑誌『新日本』（一九一一年四月～一八年一二月、通巻八四号）、『大観』（一九一八年五月～二一年四月、通巻四八号）を主宰して毎号巻頭論文を発表し、大正デモクラシー期にあっても在野の名士に誌面を提供して啓蒙活動を展開した。

一度も外国に行かず、雄弁家で、五十余冊の単行本をあらわしながらも直筆をのこさず、博覧強記で「大風呂敷」と陰口もされたが、終始ブレインに恵まれ、その死去に際して日比谷公園で「国民葬」がおこなわれるなど、「民衆政治家」と目される一面もあった。

【参】大隈侯八十五年史編纂会編・刊『大隈侯八十五年史』（全三巻・別巻一）一九二六　柳田泉『明治文明史における大隈重信』早稲田大学出版部、一九六二　早稲田大学大学史編集所編『大隈重信とその時代』早稲田大学出版部、一九八九　佐藤能丸『近代日本と早稲田大学』早稲田大学出版部、一九九一

おかくらてんしん　岡倉天心　一八六二（文久二）～一九一三（大正二）　美術行政官僚・思想家。

元福井藩士で生糸商の岡倉勘右衛門の次男として横浜本町に生まれる。本名は覚三。一八七五年（明治八）東京開成学校（七七年より東京大学）に入学し、翌年より一年後輩の三宅雪嶺、横井時雄と寄宿舎で寝

室を同じくし、専攻の哲学政治学及理財学科に専心することなく、木や紙の切れ端に手当たりしだいに詩を書いたりしていた。また、家庭環境から幼児より英語に習熟し、洋行帰りの同期生牧野伸顕らが舌を巻くほど語学に才をしめしていたため、二年後輩の有賀長雄の後をうけて教官のフェノロサの絵画蒐集の助手や通訳をするようになり、いつしか美術通となった。「美術論」を卒業論文に仕上げ、八〇年東大文学部最初の卒業生となって文部省にはいった。

美術行政官時代　以後、音楽取調掛・図画取調掛となり、しばしばフェノロサに随行して近畿の古社寺を訪れ、欧米に派遣されて美術品を調査した。東京美術学校（一八八九年開校）幹事となり、第三回内国勧業博覧会審査官、臨時全国宝物取調掛を兼ね、帝室博物館理事となり、九〇年に東京美術学校教授となって「日本美術史講義」を担当、同校長となって奏任官三等に叙せられた。九二年東京高等師範学校で奈良時代美術史、同年度より一九〇一年度まで東京専門学校（現・早大）の科外講義でも天平式の服装で奈良朝の美術・美術の沿革・美学を講義した。九三年清国に派遣されて夏国・殷国以来の美術を調査し、東洋美術へも視野をひろげた。また、この間、八九年演劇矯風会を起こし、美術雑誌『国華』を創刊するなど多彩な活動を展開した。そして、九三年には東京美術学校の門下生として第一回卒業生に横山大観を出し、九六年には日本絵画協会を設立して副会頭となり翌年の同会第二回共進会で大観が「無我」、菱田春草が「拈華《ねんげ》微笑」を出品するなどして名声を博し、日本画の改革が着実にすすんでいった。このように天心は国粋主義的立場に立つ美術官僚としての手腕を存分に発揮したが、九八年天心派を排斥しようとする東京美術学校事件が起こり、三月天心は非職となって前半生の美術行政官僚生活に区切りをつけた。

美術運動の指導者　以後は民間在野で国民芸術の創造に邁進する後半生で、その運動は同年一〇月に創立した日本美術院を拠点にして開始された。開院と同時に日本絵画協会展と同院第一回展との連合展も開催されて大観の「屈原」が出されるなど注目をあつめたが、日本美術院の財政は順調ではなく経営的には終始不振の状態であった。一九〇一年一一月より一年近くインドを漫遊し、詩人タゴールと親交し、植民地下の実状を観察してインド独立運動に強い関心をしめした。訪印前より執筆していた「Asia is one」で始まる英文 ***The Ideals of the East, with Special Reference to the Art of Japan***（邦訳『東洋の理想』）を〇三年二月にロンドンのジョン・マレー書店から刊行した。

〇四年ボストン美術館に招かれて渡米し、同館の中国日本部顧問となり、インド滞在中に執筆していた英文 ***The Awakening of Japan***（邦訳『日本の覚醒』）を同年一一月ニューヨークのザ・センチュリー社から刊行した。以後、ボストン美術館勤務のため渡欧米を重ねた。〇六年五月英文 ***The Book of Tea***（邦訳『茶の本』）をニューヨークのフォックス・ダフィールド社から刊行し、のち、独語・仏語にも訳されて世界に普及していった。以上が天心の英文三大著作である。

〇六年秋よりボストン博物館東洋部長として中国に出張中、経営不振の日本美術院を年末に茨城県五浦《いづら》に移転したが、翌年に日本美術院を中核にして美術団体を糾合して国画玉成会を創設して会長となった。この年の文展（文部省展覧会）開始以降大観をはじめとする門下の美術院グループがつぎつぎに名作を発表して画壇に重きを占め、天心のこころざした美術における在野アカデミーの成果が着実にしめされていった。一〇年四月から三か月間東京帝大文科大学講師として東洋美術史を講義し、黒田鵬心や和辻哲郎らの学生に深い感銘をあたえた。こののちも米欧や中国・インドなどの海外視察を重ねたが、一三年（大正二）九月病没した。

天心は、「ヨーロッパの栄光は、アジアの屈辱である！」（生前未刊行の英文『東洋の覚醒』）という命題のもとで、アジアは一つとなって欧米列強に対抗すべく決起すべきであり、そのためには日本が文化的な面での独自性を自覚してアジアの指導者たるべく奮起すべきであり、世界の人々は茶道にたくされているような東洋文化の神髄をぜひ知って欲しい、と訴えた。明治の日本人のナショナリズムの大半はもっぱら内に向かって国民に説かれたが、天心の場合は、そのナショナルな想いをロマン的美意識を核として、意識的に外に向かって訴えたのであって、明治期にあっては稀有な思想家であったといえるであろう。『岡倉天心全集』全八巻・別巻一（平凡社、一九七九～八一年）がある。

【参】浅野晃『犢牛と天心』潮文閣、一九四三　清見陸郎『天心岡倉覚三』筑摩書房、一九四五　宮川寅雄『岡倉天心』東京大学出版会、一九五六　竹内好「岡倉天心―アジア観に立つ文明批判」朝日ジャーナル編『日本の思想家』（1）朝日新聞社、一九六二　伊藤友信「アジア主義と脱アジアの思想―岡倉天心」〈日本思想史講座8〉雄山閣、一九七七

おのあずさ　小野　梓　一八五二（嘉永五）～一八八六（明治一九）　法律・財政学者、自由民権思想家。

土佐藩士（宿毛）の家に生まれ、戊辰戦争に参加後上海に渡り、中国を旅行して世界連邦国家を構想した「救民論」を執筆。一八七一年（明治四）より七四年まで米・英国に留学して、法律・銀行・理財学を学ぶ。ロンドンで馬場辰猪と日本学生会（共存同衆の前身）を結成し、七五年の帰国とともに同衆幹事として活動を本格化して、そのリーダーとなる。翌年政府に出仕して司法省・太政官・元老院・会計検査院をへて、法整備と会計検査の基礎づくりに貢献し、参議大隈重信のブレインとなる。「明治一四年の政変」で大隈にしたがい下野して、大隈の立憲改進党と東京専門学校（早稲田大学の前身）の設立の中心となり、また八二年東洋館書店を開業した。即ち、立憲政治の樹立と立憲国民の育成、そのための良書普及活動を自己の三大事業としたが、志なかばにして三三歳で没した。

小野は、政治史上、改進党の内規・宣言などの起草者・党の掌事として民権運動期屈指の指導者と評価され、大学文化史上、早稲田大学設立の最大の功労者と位置づけられる。民間学の観点からみるならば、「共存同衆」の中心人物として、「明六社」なきあと、政治・外交・経済をはじめとする幅広い論議を展開した硬質の民間学術思想団体を統括したことと、「東洋館書店」で良書普及の出版文化の発展につとめたことが注目される。また、民権思想家のなかにあって、珍しく、強く「国民像」に留意した思想家であったことが特筆される。近代国家の「機構と制度」をめぐる国家構想のせめぎあいの色濃い民権運動は、これをじゅうぶんに機能せしめる「人間の問題」を等閑視していたことに最大の弱点があるが、小野の功績は民権期最大の体系的憲法草案とみられる『国憲汎論』で「立憲国民」の育成こそ急務として「国民像」を明確化し、大隈の学校設立に賛同して、「一国の独立は国民の独立に基づく」として、「学問の独立」こそが国民の精神の独立の前提であるとの「国家論」と「学問論」とを在野の立場から定式化したことである。

【参】早稲田大学大学史編集所編『小野梓全集』(全五巻・付別冊) 早大出版部、一九七八〜八二　早稲田大学大学史編集所編『小野梓の研究』早大出版部、一九八六

かやはらかざん　茅原華山　一八七〇(明治三)〜一九五二(昭和二七)　ジャーナリスト。

東京の旧幕臣の家に生まれる。本名は廉太郎。小学校を中退して苦学しながら漢学を修めた。一八九二年(明治二五)、仙台の『東北日報』記者となり、「東北主義」を唱えて中央の藩閥政治に反対し、以後、仙台の『自由新聞』をへて『山形自由新聞』に移り、地方文化を重んじて尊農協会を組織した。さらに新聞『人民』『長野新聞』『電報新聞』をへて、一九〇四年『万朝報』論説記者となった。日露戦争直後から

海外通信員として五年間欧米を歴遊した。帰国して普通選挙権獲得と民本主義を主唱して大正デモクラシーの論陣を張る。この間、名文の筆致で一貫して藩閥政治を批判、とくに「シーメンス事件」に際しては、薩長藩閥の覇権と山本権兵衛内閣を弾劾して『万朝報』の名を高めた。一三年（大正二）石田友治らと『第三帝国』を創刊して、社会主義者や自由主義者に誌面を提供した。一五年の総選挙に出馬して落選の後は、一六年創刊の『洪水以後』（のち『日本評論』と改題）、二〇年創刊の『内観』（戦後『自己批判』と改題して復刊）などの主宰雑誌に拠って私淑したりひそかに愛読する購読者をもちつづけて、言論活動をつづけた。

【参】「茅原華山論」『中央公論』一九一五年一二月号　茅原健「茅原華山」田中浩編「近代日本のジャーナリスト」御茶の水書房、一九八七

かのうこうきち　狩野亨吉　一八六五（慶応元）～一九四二（昭和一七）　思想家・教育家。

出羽国秋田郡大館町に久保田（佐竹）藩佐竹支藩家老職の儒学者狩野良知・千代の次男として生まれる。藩学明徳館、秋田県大平学校に学び、父の内務省出仕にともない上京し、番町小学校、第一番中学校をへて東京大学予備門に入学し、モースの進化論の講演を聴いて大きな影響をうけた。帝大理科大学にすすみ数学を専攻して一八八八年（明治二一）に卒業、さらに九一年同文科大学で哲学を専攻して卒業後、大学院で「数学のメソドロジー」を研究した。九二年より第四ついで第五高等中学校の教授となり、この間九五年に「志筑忠雄の星気説」（『東洋学芸雑誌』一六五号）を発表して、物理学書の嚆矢《こうし》『暦象新書』を編述した志筑忠雄を高く評価した。九八年、三三歳で第一高等学校校長となり、安倍能成・岩波茂雄・阿部次郎・田辺元・小宮豊隆ら教え子に多大の影響をあたえた。

安藤昌益の発見　九九年に江戸中期の思想家安藤昌益の『自然真営道』の原稿本全一〇〇巻九二冊中の九〇冊を入手した。農民の上に立って安逸な楽しみをなしている「不耕貪食の徒」を実に憐れむべきものとして退けて、「直耕の農民」のなかに「生活の模範」を見いだし、「法世」を否定して階級のない理想社会「自然世」の実現を希求した思想家を世に甦らせた。しかし、安藤の存在を学問的に公表したのは後のことで、一九二八年（昭和三）五月の「安藤昌益」（『岩波講座　世界思潮』第三冊）によってであった。この時期は、無産運動の全盛で、共産党と労農派とのあいだで戦略論争が展開されたり、マルクス主義の立場からの近代史研究が本格的に開始されつつあったころである。狩野が、こうした時期に、徳川幕藩体制期にあって、「治国平天下の代表者聖人孔子を罵り、救世の代表者世尊釈迦をも呵《しか》り付け」た「危険な思想家」安藤をあえて世に出そうとしたのは、その発表の時期を待っていたからに相違ない。このことは、かつて、安藤自身が『自然真営道』の公表を控えていたことと同様の思考と態度で、狩野は、安藤をかりて自己の思想を述べようとしたものと思われる。

〇六年、四一歳のときに京都帝大文科大学学長となり、倫理学講座を担当した。在任中、一高校長時代に断られた在野の東洋史家内藤虎次郎（湖南）を〇七年に再度招聘して京大東洋史学の基礎を築かせ、〇八年にも骨太の小説家で考証家の幸田露伴を講師に招聘するなど、在野民間のすぐれた人士を起用して独特な人事をおこなった。〇八年病気を理由に辞職したが、真相は、文部当局が大学の自治を無視して正規の学歴をもたない内藤を教授に任用しようとしなかったり、文部官僚の岡田良平を天下り的に総長に任命してきたことに対する抗議の退官であったといわれる。しかし、狩野は決して危険人物と目されていたわけではない。その豊かな学識と一高校長時代などにしめされていた人的感化力などにより、辞退したとはいうものの、当時としてはもっとも慎重な人事の一つと目されていた東宮（昭和天皇の皇太子時代）の教育掛に浜尾新や山川健次郎から推挙されたり、東北帝国大学総長に推薦されるなどの遇され方もしていたからである。

古書蒐集と書画鑑定　一九年（大正八）に「明鑑社」を開き、次姉と同居するなどして独身生活をつづけながら、古書蒐集と書画鑑定などをおこない、三〇年には学士会の茶話会で「科学的方法による書画の鑑定と登録」を講演したりして、その後半生を読書と思索などで送った。そのコレクションは貴重な学術書から艶本・秘戯画浮世絵の類にいたるまで幅広く、その好奇な研究対象は性科学の分野にまでおよび、性欲学に対する知識の必要を力説して英文の「セオリー・オブ・ラブ」を草するなど、終始科学的で合理的な思考と独特な生活感覚で生涯を送った。そうした蔵書の一部は、東北大学に移されて「狩野文庫」として思想史研究に珍重されている。

四二年一二月二二日七七歳で死去したが、その博学をきわめた脳髄は東京帝大医学部にて内村祐之教授立ち会いのもとで標本のために摘出された。生涯、単行著書はのこさなかったが、その独創的な著作は安倍能成の編により『狩野亨吉遺文集』（岩波書店、一九五八年）におさめられている。

【参】渡辺大濤『安藤昌益と自然真営道』木星社書院、一九三〇（復刻版、勁草書房、一九七〇）　鈴木正『狩野亨吉の研究』ミネルヴァ書房、一九七〇　駒尺喜美「偉大なる高等遊民・狩野亨吉」『思想の科学』一九七四年四月号（思想の科学研究会編『埋もれた精神』思想の科学社、一九八一に再録）　青江舜二郎『狩野亨吉の生涯』明治書院、一九七四

きたむらとうこく　北村透谷　一八六八（明治元）～一八九四（明治二七）　詩人・評論家。

本名は門太郎。小田原藩医の家に生まれ、東京の泰明小学校といくつかの私塾をへて東京専門学校（早

稲田大学の前身）に入学したが、中退。この間、自由民権運動左派として東京三多摩で活躍。一八八五年（明治一八）大阪事件の計画に誘われたが、その行動についていけず、運動から離脱して遍歴する。そのなかで、三多摩の民権運動の指導者石坂昌孝の長女美那子と熱烈な恋愛に陥り、キリスト教に入信して二〇歳で結婚した。

　宣教師の通訳や普連土女学校の英語教師のかたわら、八九年に近代叙事詩の先駆『楚囚之詩』、九一年に独白体の劇詩の先駆『蓬莱曲』を発表して、近代的な人間の内面の世界をうたったが、すぐには評価されなかった。九二年二月「厭世詩家と女性」（『女学世界』）における恋愛観は明治中期の日本社会に衝撃をあたえ、「内部生命論」（『文学界』）をはじめとするその論考は、自由民権の政治の時代から「想世界」への転回を浮き彫りにした。また、日本平和会の『平和』（九二年三月創刊）主筆としての活躍は日本の平和思想史上・反戦文学史上に先駆的平和思想家として輝いている。日清戦争の直前に気鬱症状に陥り、芝公園の自宅で縊死《いし》した。

【参】『透谷全集』（全三巻）岩波書店、一九五〇～五五　色川大吉『北村透谷』東京大学出版会、一九九四

きむらき　木村　毅　一八九四（明治二七）～一九七九（昭和五四）　作家・評論家・明治文化研究家。

　岡山県生まれ。一九一七年（大正六）早大英文科卒。木村は、生涯そのものが在野的で、二〇〇冊をこえる単行著作をのこし、博引旁証このうえない該博な知識を有する明治期の百科全書的人物の系譜に連なる最後の文士である。その仕事のなかで、「民間学」の観点からとくに評価しなければならないのは、二四年に吉野作造を会長にして発足した明治文化研究会に参加し、吉野の指導で二六年（大正一五）からの浩瀚な『明治文化全集』全二四巻の刊行に尽力し、戦後、第三代会長となって同全集の増補完成版全三二

巻を完結させたことである。これは、散逸しつつあった明治の貴重な文化遺産を民間の眼と手で精力的に収集し、これを広く「国民史」の資料として提供したものであって、日本の近代文化の研究に従事するものでこの全集の恩恵に浴さないものはない。また、同年から刊行の、近代日本と世界の名作を全集という形で、廉価に、広範の人々に提供した改造社の『現代日本文学全集』や新潮社の『世界文学全集』を企画立案していわゆる「円本時代」を現出させたことは、出版文化史上、特筆に値する。ほかに『小説研究十六講』で小説の理論的研究の基礎を築き、文学の素養とジャーナリストの感覚で『文芸東西南北』以下の四部作や『日米文学交流史の研究』などをあらわし、広い視野から明治文化、比較文学、大衆文学の研究を開拓して、その第一人者となった。菊池寛賞受賞。

【参】尾崎秀樹「木村毅論」『大衆文学論』勁草書房、一九六五　『早稲田大学史記要』一三巻（木村毅先生追悼特集）一九八〇

きりゅうゆうゆう　桐生悠々　一八七三（明治六）～一九四一（昭和一六）　ジャーナリスト。

本名は政次。旧金沢藩士の家に生まれ、第四高等中学校をへて帝国大学（東大）法科大学に入学。博文館の仕事や諸雑誌に投稿し、また篤志家の学費援助をうけて学生生活を送り、一九〇一年（明治三四）に卒業して大学院にすすみ穂積陳重《のぶしげ》教授のもとで法理学を研究し、権利思想の発達過程を専攻した。

翌年『下野新聞』主筆に招かれ、以後特異な新聞ジャーナリストとしての生涯を送る。『大阪毎日新聞』学芸部に三年、『大阪朝日新聞』『東京朝日新聞』に三年在籍の後、一〇年より三年半『信濃毎日新聞』主筆として健筆をふるった。とくに、大逆事件の判決や乃木希典《まれすけ》の殉死を批判し、また、憲政擁護・閥族打破の社説を掲げつづけた。このため、政友会員の小坂順造社長と対立して、一四年（大正三）『新

愛知』主筆に転じた。新聞の公共性と報道の責任と義務を大切にし、「米騒動」に際しての政府の報道規制を「新聞紙の食糧攻め」と批判して、言論の自由の擁護と寺内正毅内閣打倒の論陣を展開した。社内改革に失敗して二四年に退社、総選挙に立候補したが惨敗。同年『中京朝日新聞』を創刊するが、半年で廃刊となり不遇の時期を迎えた。二八年（昭和三）ふたたび『信濃毎日新聞』主筆に迎えられ、「治安維持法」改悪案に反対し、軍人を恐れざる政治家の出現を主張し、「五・一五事件」を批判した。三三年八月一一日「関東防空大演習を嗤《わら》ふ」を書いたのが軍関係者を激怒させて筆禍事件に発展し、退社を余儀なくされた。

以後、名古屋郊外に転居して三四年よりその死まで七年間個人雑誌『他山の石』を刊行して時局批判をおこなった。「五箇条の誓文」や「教育勅語」を掲げたりして巧妙な誌面構成をとりつつ、発禁に発禁を重ねながらも、果敢に軍国主義・ファシズム批判を展開し、戦時下における反戦活動のあり方に輝かしい一類型をのこしている。この抵抗の言論人の葬儀は、憲兵と私服警官の立ち会いのなかで挙行されたという。

【参】前田雄二『ペンは死なず―桐生悠々の生涯』時事通信社、一九六四　太田雅夫編『新版桐生悠々自伝』新泉社、一九九一　太田雅夫『桐生悠々』紀伊國屋新書、一九七〇　井出孫六『抵抗の新聞人桐生悠々』岩波新書、一九八〇

こざいよしなお　古在由直　一八六四（元治一）～一九三四（昭和九）　農芸化学者。

柳下景由の長男として京都に生まれ、母の実家古在家を嗣《つ》ぐ。駒場農学校を卒業し、一八九〇年（明治二三）に帝国大学（東大）農科大学助教授となり、九五年から五年余ドイツなどに留学。帰国の一九〇〇年に教授となり、農産製造学講座を担当し、また農事試験場（農業技術研究所の前身）の場長として、農芸

化学教育に指導的役割を果たした。さらに二〇年（大正九）に東京帝国大学の総長に選出され、八年間大学運営に専心した。民間学の視点から、古在をみるとき、その幾多の業績（稲作の肥料試験・清酒酵母や茶の化学的研究など）とあい俟って、その科学者としての精神が社会正義に裏うちされていることが特筆される。その姿勢は足尾鉱毒事件に際して、一八九二年に栃木・群馬両県庁からの依頼で調査した結果、科学者としての実証作業にもとづき鉱毒の原因が足尾銅山にあることを結論づけ、企業犯罪を立証したことなどにあらわれている。古在は以後も政府が設置した鉱毒調査委員会の委員となったが、特別な政治的思惑や鉱毒被害民の反対運動に直接かかわることもなく、科学者の良心にもとづいてその姿勢を貫徹して調査にしたがった。その生き方は、過去のある、優れた先駆的な作家清水豊子（号は紫琴）を愛し、全人格を認めあった上での合意にもとづいた結婚生活にも通じている。二人のあいだには独自の業績をのこしたマルクス主義哲学者、古在由重が生まれている。公害史上のみならず近代日本の恋愛史にも欠かせぬ存在であるといわねばならない。

【参】安藤円秀編『古在由直博士』古在博士伝記史纂会、一九三八　鹿野政直編『足尾鉱毒事件研究』三一書房、一九七四　山口玲子『泣いて愛する姉妹に告ぐ―古在紫琴の生涯』草土文化、一九七七

こむろしのぶ　小室信夫　一八三九（天保一〇）～一八九八（明治三一）　自由民権家・実業家。

丹後国（現・京都府）の生糸問屋・回漕業の家に生まれ、幕末に、京都支店の商人であったが、等持院の足利尊氏木像梟首《きょうしゅ》事件を起こすなど尊王倒幕運動に参加。明治維新政府に出仕して、岩鼻県（現・群馬県の一部）権知事や徳島藩大参事となり、一八七二（明治五）年から翌年にかけて訪欧し、立憲制度や鉄道事業を学び、左院の三等議官となった。しかし、官界から去って、七三年一月、下野した板垣退助・副

島種臣・江藤新平らの前参議とともに政府に「民撰議院設立建白書」を提出して、自由民権運動の先鞭をつけた。建白書の中身すら理解できない副島らに交じっての英国帰りの少壮知識人小室の連署が注目された。民権運動の最中、実業界に転じて、八二年北海道運輸会社を創立し、共同運輸会社の設立に尽力し、九一年から無位無爵で貴族院議員となった。

【参】山田立夫編『小室訒蕣翁父子小伝』(私家版)一九二四　絲屋寿雄「小室(信夫)と沢部」『明治文化』第一一巻一一号、一九三八年一一月

しぶさわえいいち　渋沢栄一　一八四〇(天保一一)～一九三一(昭和六)　実業家。

武蔵国榛沢《はんざわ》郡血洗島《ちあらいじま》村(現・埼玉県深谷市)の農家に生まれる。江戸にでて文武を学び、文久年間(一八六一～六四年)高崎城攻略を計画するなど攘夷運動にくわわった。一八六四年(元治元)一橋家の家臣となり、財政改革などに手腕を発揮して勘定組頭に抜擢された。六七年(慶応三)パリ万博使節の徳川昭武(将軍徳川慶喜の弟)に随行して渡欧し、近代的な経済組織や技術を視察して資本主義文明社会をつぶさに観察した。その結果、官尊民卑の風潮の打破と、多数の者から資本を調達できる「合本組織(会社組織)」が国家の発展のために必要であることを学んだ。その開明的な考え方はこのときの滞欧体験に根差している。長い生涯における実業精神涵養の方法は、欧米モデルにくわえるに、徳育の中心に『論語』をすえて「論語算盤説」「道徳経済合一説」を唱え、この実践により実業界の道徳水準を高めようとした。そして、実業の精神的な支柱に武士道をすえるなどして、在来の精神文化を重んじながら活性化させるという姿勢をとった。

幕府の瓦解により帰国して、六九年(明治二)明治維新政府に出仕し、七一年大蔵大丞となり新貨条例

や国立銀行条例などの起草立案に参画したが、財政政策が容れられず七三年退官、以後民間人の立場から実業界を指導した。第一国立銀行の頭取となり、第十六銀行ほかの国立銀行やその他の普通銀行の設立に指導的役割を果たすなど金融事業を本業としつつ、大阪紡績会社・三重紡績会社・鐘淵紡績会社・東京海上保険会社・日本郵船会社・東洋汽船会社、そして初の民間事業の日本鉄道会社をはじめとする各鉄道会社、そのほか明治製糖・札幌麦酒・浅野セメント・石川島造船所・東京瓦斯・帝国ホテルなどの各会社の成立を指導したり経営にしたがうなど、生涯に関係した経済事業は五百をこえたという。渋沢は、「合本組織」をめざして、健全な企業勃興による近代産業国家の育成こそ急務と考えた。とくに注目されるのは、東京商業高等学校などの各実業学校や早稲田大学その他の高等教育への援助にくわえて、東京市養育院の院長をはじめ幾多の社会公共事業に積極的にとりくんでいることで、たんなる経済人ではない優れた財界人の典型として抜きんでた存在となっている。その生涯に関係した膨大な史料集『渋沢栄一伝記資料』全五八巻・別巻一〇（財団法人竜門社編纂・発行、一九五五～七一年）が、官製の史料集と異なり、渋沢の伝記のみにとどまらず、民間における近代日本産業発達史料集の装いを強く帯びているのも、渋沢の以上のような活躍がそのまま投影されているからにほかならない。

【参】坪谷善四郎編『実業家百傑伝』（第一巻）東京堂書房、一八九二　白石喜太郎『渋沢栄一翁』刀江書院、一九三三　幸田露伴『渋沢栄一伝』渋沢青淵翁記念会、一九三九　土屋喬雄『渋沢栄一伝』〈日本財界人物伝全集1〉東洋書館、一九五五　渋沢秀雄『父渋沢栄一』（上・下）実業之日本社、一九五九

しまださぶろう　島田三郎　一八五二（嘉永五）～一九二三（大正一二）　政治家・ジャーナリスト。

江戸生まれ。号は沼南。旧幕臣。一八七三年（明治六）横浜毎日新聞社に入社したが、二年後政府に出

仕し元老院・文部省で頭角をあらわす。「明治一四年の政変」で下野してふたたび『東京横浜毎日新聞』（のち、『毎日新聞』『東京毎日新聞』と改題）にはいり、九四年から一九〇八年まで社長として明治期の新聞界に自由主義良識派の言論人として異彩を放った。鳥谷部銑太郎《とやべせんたろう》（春汀）・横山源之助・木下尚江らを発掘して、同紙の記者として中国問題・都市下層問題・廃娼問題・足尾鉱毒問題などを存分に論じさせるとともに、みずからこれら諸問題の解決のために精力的に行動した。この間、一八九〇年の第一回総選挙で衆議院議員に当選してから一九二〇年（大正九）まで連続一四回当選し（第三六～三八議会で衆議院議長）、憲政党・憲政本党・立憲国民党・立憲同志会・憲政会の政党政治家として、とくに立憲政治の確立に熱意をそそぎ、政界浄化につとめた。筆の人であると同時に、それ以上に類のない能弁家として、議会に一五八回の発言を残し、「議会の花」と称された。他面、『開国始末　井伊掃部頭直弼伝』で民間史学に名を留めるなど多くの著作がある。

【参】高橋昌郎『島田三郎伝』（改訂版）まほろば書房、一九八八　『島田三郎全集』（新版、全七巻）龍渓書舎、一九八九

たおかれいうん　田岡嶺雲　一八七一（明治三・一一・二八）～一九一二（大正元）　文芸評論家・中国文学者。

土佐藩の陪臣の子として生まれ、少年期に立志社系の学校や結社に属して自由民権思想の洗礼をうけた。大阪官立中学、東京の水産伝習所（在学中、教員内村鑑三より「偽善者たるな」との感化をうける）をへて帝国大学文科大学漢学科に選科生として入学した。在学中、『史海』『亜細亜』『日本人』に投稿して評論活動をはじめ、一八九四年（明治二七）卒業の翌年に投書雑誌『青年文』を創刊した。このころ、広津柳浪

・樋口一葉・泉鏡花らの登場を歓迎して、社会悪や日常の民衆生活の悲惨さを活写する国民文学の進展を望む論調を展開した。

九六年津山中学校の漢文教員、翌年『万朝報』『文庫』の記者となり、幸徳秋水らと知りあい、富閥や藩閥の打倒を主張して労働者のストライキを支持するなど、第二の「維新」実現を唱えた。新聞『いはらき』主筆として水戸に赴いたが半年ほどで上京して小冊の社会評論集『嶺雲揺曳《ようえい》』を発表して好評を博した。九九年張之洞らの招きで中国に渡り、上海の日本語学校教員となり、康有為派の人々と交わった。一九〇〇年病気のため帰国したが、友人白河鯉洋主筆の『九州日報』特派員として北清事変に従軍し反戦的ルポを連載した（のち、まとめて『戦袍余塵《せんぽうよじん》』）。〇一年岡山の『中国民報』主筆となり、知事らの汚職を攻撃し官吏侮辱罪で投獄されもした（〇一年『下獄記』発表）。日露戦争に際してアジア解放の立場から開戦論に与《くみ》したが、非戦論の幸徳秋水らの『平民新聞』にも寄稿しつづけた。

〇五年『天鼓』を創刊し与謝野晶子・夏目漱石・木下尚江を高く評価し、再度張之洞の招きで蘇州の江蘇師範学堂教員となった。この前後刊行の評論集『壺中戦』『壺中我観』『霹靂鞭《へきれきべん》』『病中放浪』はことごとく発禁となり、病気のため〇七年に帰国した後は、闘病しながら執筆活動をつづけた。〇九年個人雑誌『黒白』を創刊し、かつての自由民権期の自由党左派の記録『明治叛臣伝』を田中貢太郎の執筆協力を得て刊行し、翌年たまたま同宿していた幸徳秋水が「大逆事件」で逮捕されるのを見送った。

以上のような数奇で波乱に富んだ生涯を自伝『数奇《さっき》伝』にのこし、間もなく没したが、その峻厳で鋭利な社会批判ゆえに戦前には抹殺された存在となっていた。戦後五〇年（昭和二五）以降にようやく家永三郎と西田勝によって評価されて、天皇制と近代産業が確立する明治中・後期の思想史上に独自の地歩を占める思想家となっている。

【参】『田岡嶺雲全集』（全八巻・別巻一、未完）法政大学出版局、一九六九～　家永三郎『数奇なる思想家の生涯―田岡嶺雲の人と思想』岩波新書、一九五四　西田勝『近代文学の潜勢力』八木書店、一九七三

たぐちうきち　田口卯吉　一八五五（安政二）～一九〇五（明治三八）　経済学者・歴史家・政治家。

江戸の代々の幕臣（徒士《かち》）田口家に生まれる。号は鼎軒《ていけん》。曾祖父は著名な儒者佐藤一斎で、その長子である祖父慎左衛門が田口家を継ぎ、史論家山路愛山の祖父にあたる天文方山路弥左衛門の配下となった。夫熊二とともに明治女学校を創立した木村鐙（子）は異父姉。

幕府の瓦解で士分を離れ、一時横浜で英語を学んだが、一八六九年（明治二）徳川家にしたがい、沼津兵学校に学んでいたとき島田三郎と出会い、以後、大蔵省翻訳局の英学校、尺振八《せき》の共立学舎にともに学び、旧幕臣の沼間守一の法律講習会（政治結社嚶鳴社《おうめいしゃ》の前身）にもともに参加するなど、生涯親交を重ねた。七四年大蔵省紙幣寮銀行課出仕となり翻訳に従事、このころから本格的に経済学と文明史観にもとづく文化史の研究に力をそそぎ、その成果を七七年に『日本開化小史』巻一（一八八二年巻六で完結）、七八年に『自由交易日本経済論』として刊行した。著述に専念するため同年官僚生活を辞して在野民間の人となり、以後は縦横に執筆活動を展開した。

七九年一月経済雑誌社を創設して英国の『エコノミスト』にならった初の本格的な経済専門雑誌『東京経済雑誌』を創刊（一九二三年廃刊）、以後、この主宰雑誌を舞台に幅広く自由主義経済論を展開した。同社から『大日本人名辞書』全四巻（一八八五～八六年）や『日本社会事彙』全二巻（一八九〇～九一年）を編纂刊行するなど出版界でも活躍した。また、『日本之意匠及情交』（一八八六年）で、意匠（アイディア）論の観点から劇・音曲・文学・工芸・風俗の歴史を論じ、情交（男女交際）論では封建的な男女のあり方

を批判して、ユニークな自由主義的文化論を提起した。さらに九一年五月に『史海』を創刊、幅広く史論を発表するとともに吉田東伍などの在野の歴史家に発表の場を提供し、民間史学の興隆につとめた。その一方で、八〇年東京牛込区会議員、東京府会議員となり市区改正問題などに活躍したのをはじめ、九四年衆議院議員に当選、その死去まで代議士として政治活動もつづけた。河上肇などの解説による『鼎軒田口卯吉全集』全八巻（同人社、一九二七〜二九）がある。

【参】島田三郎「故田口卯吉君履歴」『同方会誌』（二九）一九〇五　塩島仁吉編『鼎軒田口先生伝』経済雑誌社、一九一二　杉原四郎「明治時代の経済雑誌序説」『関西大学経済論集』（一六巻四・五号）一九六六　大久保利謙編『田口鼎軒集』〈明治文学全集14〉筑摩書房、一九七七

たなかおうどう　田中王堂　一八六七（慶応三）〜一九三二（昭和七）　哲学者・評論家。

本名は喜一。埼玉県入間郡生まれ。同人社、東京専門学校（早大の前身）、同志社をへて渡米し、シカゴ大学に学ぶ。九年間哲学を修め、ジョン・デューイの感化をもっとも強くうけ、一八九七年（明治三〇）大学院を修了して帰国。翌年より東京高等工業学校（東京工大の前身）の哲学の教授となり、同時に東京専門学校の講師ともなり（のち、教授）、倫理学・心理学・認識論・ロマンティシズム研究・哲学研究などを講じた。一九〇一年に『活動的一元論と続一年有半』で中江兆民の哲学をアナクロニズムと批判したり、『哲学雑誌』のほかに、『明星』『中央公論』などでもプラグマティズムを背景にした評論活動をおこない、折からの自然主義を批判した。これらは『書斎より街頭に』（一九一一年）、『哲人主義』上・下（一九一二年）などにおさめられ、両書により明治末〜大正期の論壇に特殊の地位を確保した。また、『徹底個人主義』（一九一八年）のほかに、『福沢諭吉』（一九一五年）でその個人主義的などの性格を指摘して福沢を初

めて学問的に評価するなど、顕彰ではない福沢研究の先鞭をつけた。王堂の影響をもっとも強くうけたものに急進的保守主義的自由主義者の言論人・政治家石橋湛山がいる。

【参】『田中王堂選集』(全四巻) 関書院、一九四八～四九　判沢弘「田中王堂―多元的文明論の主張」朝日ジャーナル編『日本の思想家』(3) 朝日新聞社、一九六三

たなかしょうぞう　田中正造　一八四一 (天保一二) ～一九一三 (大正二)　自由民権運動家、社会運動思想家。

下野国 (現・栃木県) 安蘇郡小中村に生まれ名主となり、寺子屋を開いたり、領主六角家の改革や江刺県の官吏生活で幕末・維新期を送った。一八七八年 (明治一一) 栃木県四大区三小区の区会議員となり政治生活にはいった。翌年『栃木新聞』創刊に参画し、その翌年には県会議員となって国会開設運動に活躍して県下の自由民権運動の指導者となった。民権の統一政党の可能性を模索したが、島田三郎の紹介で、大隈重信に接して立憲改進党に遅れて入党し、県下で三島通庸県令 (兼務) の土木工事をめぐる県政に反対して投獄されたりした。

古河鉱業による渡良瀬川の足尾鉱毒事件が社会問題となってきた九〇年の初の総選挙で代議士となり、一九〇一年まで改選ごとに当選した。この間一八九一年の第二議会で初めて足尾鉱毒事件の被害救済を訴え、以後一〇年間帝国議会を足場にして問題解決に奔走した。だが、実効を得ることができず、ついに議員を辞して一九〇一年一二月支援者の幸徳秋水代筆起草の直訴状をもって明治天皇に直訴した。政府は田中を「狂人」として扱うことにより鉱毒事件を黙殺しようとした。

以後、田中は民間の一私人としてこの企業犯罪とこれを庇護する政府に被害民とともに果敢に闘いつづ

けた。だが、政府は鉱毒事件を渡良瀬川の治水問題へ転換させる政策をとったため谷中村廃村問題を起こすことになり、田中は谷中村に移住して村民と廃村に徹底的に抵抗した。これに対して、古河・出先機関と特殊な人脈をもつ政府（原敬内相）は、〇七年家屋の強制破壊を断行してこの抵抗を封殺した。

この運動のなかから、田中は、「公益」の意味を問い、「自治」のあり方を模索し、人民を主体とした独特の憲法解釈をうちだし、また、「水の思想」を提起したりした。ここに、半世紀後の高度経済成長期の「公害問題」における反対運動の抵抗原理の原型を見いだすことができる。補償運動の最中に死去した田中の葬儀には、近郷近在より草鞋《わらじ》履き腰弁当の五万人以上の会葬者があったという。

【参】『田中正造全集』（全一九巻・別巻一）岩波書店、一九七七〜八〇　由井正臣『田中正造』岩波新書、一九八四

とうかいさんし　東海散士　一八五二（嘉永五）〜一九二二（大正一一）　小説家・政治家。

千葉県生まれ。本名は柴四朗。弟は陸軍大将柴五郎。会津藩士出身。会津戊辰戦争で、賊軍の捕虜として辛酸をなめる。赦免後、東京、弘前、会津の学校で学び、一八七七年（明治一〇）の西南戦争に旧藩の山川浩のつてで従軍して戦報を『東京曙新聞』などに送った。七九年より六年間米国に留学して経済学を修めた。留学中、『東海経済新報』に小文を寄稿したり、雄大な構想のナショナリズム小説『佳人之奇遇』を着想した。本書は、帰国した八五年から九七年にかけて全八編が刊行され、未完に終わったが、挿絵の版色も新しい感触の美しい石版画がもちいられ、主題が帝国主義に呻吟する中国・インド・エジプト・ハンガリー・ポーランドなどの弱小民族の独立にあったため、当時の後進国日本にあって多くの青年書生（堺利彦・幸徳秋水・山川均など）を魅了し、政治小説の代表作となった。この間、九二年に代議士となり、進歩党・憲政党・憲政本党・大同倶楽部の政党政治家として、とくにアジア経世の論客として活躍し

た。

【参】 滝沢典子・二本松寛子・松葉晨子『東海散士』〈近代文学研究叢書21〉昭和女子大学光葉会、一九六四　柳田泉『政治小説研究』(上)春秋社、一九六七

とくとみそほう　徳富蘇峰　一八六三(文久三)〜一九五七(昭和三二)　ジャーナリスト・歴史家。

熊本の惣庄屋兼代官をつとめた豪農の家に生まれる。本名は猪一郎。弟は、徳冨盧花。郷里の私学熊本洋学校で教育をうけてキリスト教に接し、一八七六年(明治九)花岡山での熊本バンド結盟にくわわり、ついで京都の新島襄の同志社英学校に転じた。八〇年退学、帰郷して自由民権運動に参加して、私塾大江義塾を経営した。このころ盛んにコブデン、ブライトなどのマンチェスター派の自由主義を吸収して欧化的な進歩思想を身につけたが、政治家になるというコースをすすまず別の大志を抱いた。それはみずから雑誌と新聞をもって経世済民を説く新聞人になることであった。同世代の言論人のなかにあって、民間在野の野党的な思想形成をたどり、都市の知識人とは異なった地方的な世俗臭味をもちつつ、世間的な立ち回りにも巧みな処世術はこうした経路にも由来している。藩閥とは無縁の一地方青年であるが故に、島田三郎の紹介で、大隈重信に面会し、また板垣退助や、田口卯吉などに近づいて中央進出への準備をはかるなど、新しい世代の行動力を蓄えた。

平民主義と「田舎紳士」　八六年、自らの有する総ての思想、一切の知識、あらゆる学問を傾倒し尽さんとの覚悟で執筆したと回顧している『将来之日本』を発表して、見識・文才ともに認められ、とみに名声が高まった。この出世作は、一九世紀から二〇世紀にかけての文明国は、腕力世界から平和世界へ、貴族世界から平民世界へと進化しているという原則に立って、日本の将来も、腕力的かつ貴族的な封建社会

から平和的な平民的な社会を築いていかなくてはならないと力説したものである。ここには上昇期における近代日本の健康な精神の一面が表明されていた。蘇峰はこの書で彗星のごとく中央の思想言論界に登場し、家を挙げて上京した。蘇峰の平民主義は、八七年に民友社を設立して『国民之友』を創刊し、さらに九〇年に『国民新聞』を発刊することによって、その思想の骨格を明瞭にしていった。明治維新は武士によってなされた改革で武備社会から平民社会へ進展していく過渡となったが、今や日本の進歩のためにはこの士族にかわって新日本の新人民すなわち「田舎紳士」(半士半商で、工商民のような純然たる被治者ではない地方豪商農層＝地方ブルジョアジー)が政治の中心をになう階層となるべきである、というのである。蘇峰はこの階層を基盤とする産業立国社会を構想し、当時の主張は、地主的な平民主義の立場に立った反藩閥・反政商ブルジョアジーの論調であった。士族と政商の提携が新保守主義の藩閥政治の実態であり、これこそが平民主義の主敵であるとして、徹底的に彼らを論難攻撃したのである。このように、その平民主義は下からの地方産業ブルジョアジーの利益を代弁しようとしたもので、このころの彼は進歩的な思想家としての像を鮮明にしていた。

明治・大正・昭和の言論人　しかし、蘇峰は、新聞人の枠をこえて、実際の政治活動も展開し、しかも裏面では藩閥政治家にも接するという策士としての関わり方をしたため、やがて言論人としての思想の純粋性が政治的振る舞いのなかで貫徹し得なくなっていく。こうした矛盾する二面性は、日清戦争を契機にして、その在野民間の進歩性は後退し、国家膨張路線をとる帝国主義の思想家としての姿を明白にしていった。列強の東洋侵略と、そのなかでの対朝鮮政略、そして不平等条約下の日本、という構図に直面して、現実の国際秩序にはいりこんでいくためには実力をもってしなければならないと確信するのである。

こうして蘇峰は、明治中期以後、陸羯南・三宅雪嶺らとともに天保世代にかわる有数の大新聞人となった。しかし、九七年に松方正義内閣の勅任参事官になり、桂太郎内閣などの藩閥政府を擁護するようになったため『国民新聞』は御用新聞とみなされるようになり、一九〇五年の日露講和問題と一三年（大正二）の第一次護憲運動では民衆の反感をかって、同新聞社は焼き打ちにあう始末となった。大正期のデモクラシーの論壇にあっても、『時務一家言』（一九一三年）を出版するなど言論界の第一線に立ちつづけてはいたが、二三年の関東大震災で社屋が消失し、経営の再建もはかどらず、二九年（昭和四）退社した。この後、大阪毎日新聞社賓となり、戦時下では四二年に大日本言論報国会会長になり、翌年には文化勲章を授与されるなど昭和言論界にあっても大御所的存在として隠然たる地位を占め、四五年敗戦によりＡ級戦犯容疑者に指名された。

この間、一八年より『近世日本国民史』の著作にとりくみ、五二年に全一〇〇巻を完成させた。これは明治天皇御宇史執筆のためにはじめられ、順次刊行され、連載中の二三年には帝国学士院より恩賜賞が贈られた。民間史学の大冊とはいうものの全巻にわたり史料の羅列の感もあり、皇国史観の性格もあって今日では史学史上ほとんど顧みられてはいない。五七年一一月九四歳で没した。長寿を保った多彩な大言論人であるが、全集と本格的な伝記は今もってない。

【参】『蘇峰自伝』中央公論社、一九三五　色川大吉『明治精神史』黄河書房、一九六四　植手通有編『徳富蘇峰集』〈明治文学全集34〉筑摩書房、一九七四　花立三郎ほか編『同志社　大江義塾　徳富蘇峰資料集』三一書房、一九七八　伊藤隆ほか編『徳富蘇峰関係文書』（全三巻）山川出版社、一九八二〜八七　岡利郎ほか編『民友社思想文学叢書』（全六巻・別巻一）三一書房、一九八三〜八六　杉井六郎『徳富蘇峰の研究』法政大学出版局、一九七七　同志社大学人文科学研究所編『民友社の研究』雄山閣、一九七七　高野静子『蘇峰とその時代―よせられた書簡から』中央公論社、一九八八　和田守『近代日本と徳富蘇峰』御茶の水書房、一九九〇　有山輝雄『徳富蘇峰と国民新

聞』吉川弘文館、一九九二

なかえちょうみん　中江兆民　一八四七（弘化四）～一九〇一（明治三四）　思想家。

土佐藩の軽格の武家の子として土佐国高知に生まれる。幼名は竹馬、のち篤助・篤介と称した。兆民は号。藩校文武館で漢学と蘭学を学び、長崎に遊学してフランス語も学び同郷の先輩坂本龍馬の知遇をえた。さらに後藤象二郎の援助により江戸で村上英俊らからフランス語を学び、箕作麟祥にも師事した。一八七一年（明治四）司法省に出仕し、政府の留学生として岩倉米欧使節団一行に随行して米国経由でフランスに留学し、西園寺公望と交友した。七四年政府からの召還で帰国し、東京・麹町の自宅に仏蘭西学舎（仏学塾の前身）をひらいたが、翌年洋行帰りの新進エリートとして東京外国語学校校長、ついで元老院権少書記官となったが、七七年に辞職して、一時司法関係の翻訳にしたがった。

自由民権思想と政治活動　八一年西園寺公望を社長として『東洋自由新聞』が発刊されると主筆となり、これを拠点に自由民権の論陣を展開しはじめたが、勅命により西園寺が退社を余儀なくされて同紙は一か月あまりで廃刊となった。八二年『政理叢談』（ほどなく『欧米政理叢談』と改題）を仏学塾より創刊して海外政治事情を紹介するとともにルソーの『社会契約論』の漢文訳「民約訳解」を連載し、東洋のルソーと称されるようになっていった。この年、前年設立の自由党が機関紙『自由新聞』を創刊するに際して社説掛に招かれて馬場辰猪・田口卯吉らと反政府の政論を展開した。党首板垣退助の洋行問題で内紛が起こり客員を辞し、日本出版会社を設立して出版事業にあたった。

この後自由党とは絶縁の身となったが、以後の自由民権運動の激化とこれにつづく退潮にあっても、在野におけるラディカルな啓蒙家として著作活動をつづけた。それらは、学問的に注目されるヴェロンの美学を最初に紹介した訳書『維氏美学』上・下（一八八三～八四年）、フイエの哲学史の訳書『理学沿革史』上・下（一八八六年）、唯物論にもとづく哲学概論『理学鉤玄』（同）、フランス革命前夜史『革命前法朗西《フランス》二世紀事』（同）などとしてつぎつぎに刊行されていった。

八六年全国有志に大同団結をよびかけて星亨らと浅草で全国有志大懇親会を開催し、再度自由民権勢力の結集をはかった。翌八七年『三酔人経綸問答』を発表して日本の現状を分析するとともに将来の展望を模索しつつ、より広い人々が大同団結できるよう長野などにも遊説に赴き、また、三大事件建白運動でも後藤象二郎の意見書を起草するなど精力的に実践活動を展開した。

こうした民間勢力の反政府運動に対して政府がこの年保安条例を発令して、兆民らを東京から追放する作戦にでると、一時大阪に活動の拠点を移して『東雲《しののめ》新聞』で民権の論陣を張りつづけ、被差別部落の解放や高島炭坑坑夫虐待問題にも紙面を割き、大日本帝国憲法の発布にあたっては憲法批判を掲げた。幸徳秋水が住みこんで学僕となったのはこのころのことである。

八九年憲法が発布されて保安条例が解かれると上京し、翌年の第一回総選挙に大阪から立候補して衆議院議員に当選した。国民待望の議会が開始されるや、民党の結束をはかって藩閥政府に対抗しようとしたが、予算案の削減を巡る政府と民党との攻防のなかで野党勢力の提携をくずす「土佐派の裏切り」がおこなわれて政府の勝利に帰すると、これに抗議して「無血虫の陳列場」を『立憲自由新聞』に掲げて議員を辞職した。九一年小樽の『北門新報』創刊に際し主筆に招聘されて一年間小樽に赴いたが、この間も、上京して自由党の板垣退助と改進党の大隈重信の会見を策して実現させるなど民党の一丸化をこころざしたが、しだいに政界を退き実業界に転じた。札幌で山林業に手を付けたが失敗し、その後も東京、大阪などで事業を起こしたが、失敗つづきに終わった。

九七年政界に復帰して仏学塾関係者らと国民党を組織し、『百零一』を創刊したが成功しなかった。翌年には群馬県での娼婦館設置までも企てた。一九〇〇年旧自由党系の憲政党が伊藤博文と提携して政友会の結成に動くと、その創立に先だって門下の幸徳秋水に「祭自由党文」を書かせ、また、近衛篤麿らの国民同盟会に参加して在野の新勢力の結集をはかろうとした。だが、翌一九〇一年春ガンの診断が下されて一年有余の生命と宣告をうけ、遺稿のつもりで『一年有半』『続一年有半』を執筆した。

『三酔人経綸問答』とその思想

著名な兆民の諸著訳書のなかでも、とくに注目をあつめているのが『三酔人経綸問答』と二連作の『一年有半』『続一年有半』である。前者では、洋学紳士君に政治的に哲学的に日本の進路、端的には民主共和制の理想主義を抱持させ、豪傑君に強力な君主制のもとでの国権主義の膨張主義を披歴させ、そのあいだで苦悩する南海先生に前向きの姿勢をもたせつつ現実を見すえさせて改良主義の方策をとらせる、という構図をしめして、近代国家確立の時期を迎えて今後の日本の進路をどのように模索し、選択すべきかを提示した。「恩賜的の民権」を育てつつ「恢復的の民権」に進化させることがもっとも大きな国民的課題であると訴えたのである。民権論と国権論、そのあいだでの現実主義による対応論。この三者から成る構図は、その後の日本の歴史の展開にともなって対応した知識人のそれぞれのパターンを予示したものとなった。

後者の二連作は、最晩年の兆民が到達した幅広い文明論の総集編であり、徹底的な自由民権主義者としての兆民の思想（ナカエニスム）が無神論的唯物論の哲学に根ざしていることをあきらかにしたものである。自由民権運動家のみならず、広く社会運動家のなかにあっても、哲学的（唯物論）理論と政治理論と実践との三者を統一的に内在化させた稀有な思想家であるといえるであろう。その刊行直後に東京・小石川で死去。多岐にわたる仕事は、『中江兆民全集』全一七巻別巻一（岩波書店、一九八三〜八六年）におさめられている。

【参】船山信一『増補　明治哲学史研究』ミネルヴァ書房、一九六五　桑原武夫編『中江兆民の研究』岩波書店、一九六六　林茂編『中江兆民集』〈明治文学全集13〉筑摩書房、一九六七　松永昌三『中江兆民』柏書房、一九六七　木下順二・江藤文夫編『中江兆民の世界―「三酔人経綸問答」を読む』筑摩書房、一九七七

なかむらまさなお　中村正直　一八三二（天保三）～一八九一（明治二四）　儒学者・啓蒙思想家。

幕臣（御家人）の子として江戸に生まれる。号は敬宇。昌平坂学問所に学び、同教授方をへて三〇歳のとき異例の若さで御儒者となるが、蘭学・英学をも学ぶ。一八六六年（慶応二）幕府の留学生取締として渡英。明治維新に際して徳川家の静岡移封にしたがって静岡に移り、静岡学問所の開設とともに一等教授となった。明治初年を静岡で過ごして翻訳をすすめ、六九年（明治二）屋敷内に私塾同人社を創立した。やがて翻訳成り、七一年に『西国立志編』（英国のスマイルズの *Self Help* 一八五九年の訳）、翌年に『自由之理』（英国のミルの *On Liberty* 一八五九年の訳）を発表した。前者は、有名な「天は自ら助くる者を助く」ではじまる三百余人の独立独行の自助精神を語ったもので、明治初期の人々に旧道徳にかわる精神的支柱をあたえるものとなり、また近代化をすすめつつあった上昇期日本の立身出世主義にマッチして、大正年間にいたるまで超ベストセラーをつづけた。後者は、諸家によるH・スペンサーの *Social Statics* の訳書（『社会平権論』）とともに自由民権の教典として必読視され、次代の多くの民権論者に重要な影響をあたえたことが特筆される。

七二年大蔵省翻訳御用の命をうけて上京、仕官した。七三年邸内に私塾を設置し引きつづき同人社と称し、慶応義塾とならぶ民間私学の先駆となり、女子に入学を許可し、別に同人社女学校も設置する（一八

七九～八〇年）など女子教育にもつくした。七三年明六社結成に参加して、『明六雑誌』に「西学一斑」以下五篇を寄稿した。七五年東京女子師範学校摂理、七七年東京大学文学部嘱託（一八八一年教授、漢学担当。一八八四年勅任教授）をつとめ、明治一〇年代の東大生の敬仰の中心となり、坪内逍遥・三宅雪嶺・高田早苗ら在野の学者をも育成した。のち、八六年元老院議官、九〇年東京女子高等師範学校長、貴族院議員（勅選）を歴任した。この間、訓盲院設立運動を起こし八〇年に事務を開始、八九年には東京市会議員に当選した。九〇年の「教育勅語」起草に際しては、文部省の推薦で教育に関する箴言《しんげん》の起案を委嘱されて草案「徳育の大旨」を書いたが、井上毅の批判で採用されなかった。

【参】石井民司（研堂）『自助的人物典型　中村正直伝』東京成功雑誌社、一九〇七　高橋昌郎『中村敬宇』吉川弘文館、一九六六　大久保利謙編『明治啓蒙思想集』〈明治文学全集3〉筑摩書房、一九六七　荻原隆『中村敬宇研究―明治啓蒙思想と理想主義』早稲田大学出版部、一九九〇

ばばたつい　馬場辰猪　一八五〇（嘉永三）～一八八八（明治二一）　自由民権思想家。

土佐藩士出身。蒸気機関学習得のため江戸留学し、福沢諭吉の慶応義塾に学ぶ。一八七〇年（明治三）より七八年まで英国に留学して（一時四か月ほど帰国）主に法律学を学ぶ。在英中、英文で『日本における英国人』や『日英条約論』をあらわして条約改正の必要を英国人に訴え、小野梓とロンドン日本学生会（共存同衆の前身）を結成した。

七八年に帰国の後は、共存同衆の幹部となり、『共存雑誌』『東海経済新報』『自由新聞』『朝野新聞』などに健筆を振るって自由民権の啓発につとめた。この間、八一年には国友会（政談討論演説会の後身）を発起して有数の雄弁家として活躍し、また明治義塾を発起して法学教育にもつくした。この年一〇月の自由

党の結成大会では、議長（後藤象二郎）欠席のため副議長となって会議の運営を仕切り、常議員に選ばれ、党きっての理論家として重きをなした。しかし、党首の板垣退助との確執を深め、孤立した存在となり、脱党した。八五年に爆発物取締規則違反の嫌疑で半年拘留され、翌年保釈直後に渡米した。各地で精力的に講演活動をおこない、新聞各紙に論文を投稿したりして日本の紹介などにつとめたが、フィラデルフィアで病没した。

師福沢にその人となりを「気風品格の高尚」さは一〇〇年の後にいたるまで「亀鑑」であると絶賛され、福沢と同じく生涯一貫して民間在野に「私立」した身で終始した。そして、死ぬまで「頼むところは天下の輿論《よろん》、目指す仇は暴虐政府」（英文『日本政治の状態』）と叫びつづけて、急進的知性人としての生涯を燃焼させた。

右の著書のほかに、英文の『日本語文典』、和文の『法律一斑』、『商法律概論』初編、加藤弘之の『人権新説』を駁した『天賦人権論』、『雄弁法』があり、その思想の全貌は没後一〇〇年にしてようやく『馬場辰猪全集』全四巻（岩波書店、一九八七〜八八年）であきらかにされた。民間の法学者としての法思想史上の位置づけなど、本格的な研究課題はまだまだ多い。

【参】萩原延寿『馬場辰猪』中央公論社、一九六七（文庫版、文献案内・解説を付す、一九九五）　川崎勝「馬場辰猪と自由党」『福沢諭吉年鑑』（二二）福沢諭吉協会、一九九五

ふくざわゆきち　福沢諭吉　一八三五（天保五）〜一九〇一（明治三四）　洋学者・教育家・経済学者・新聞人などの広い分野をあわせもった幕末〜明治中期の啓蒙思想家。

豊前中津藩士福沢百助・阿順の次男として大坂玉江橋北詰中津藩蔵屋敷に生まれる。一歳のとき父の死

去により母兄姉とともに中津に帰った。一三歳のころから学問をこころざし、一八五四年（安政元）一九歳で蘭学をこころざし長崎に遊学、翌年大坂の緒方洪庵の適塾に転じて二年後には塾長になった。翌五八年（安政五）藩命により江戸にでて築地鉄砲洲の中津藩中屋敷に蘭学の私塾をひらいた（慶応義塾の起源）。しかし、翌年英学に転じて辞書を頼りに独学自習を始めた。六〇年（万延元）幕府の使者・軍艦奉行木村摂津守の従者として咸臨丸に乗船して渡米、帰国後最初の出版書『増訂華英通語』を発表、幕府の外国方に雇われて翻訳に従事した。

『西洋事情』と慶応義塾　六一年（文久元）中津藩士土岐太郎八の次女阿錦と結婚し芝新銭座に居を構え、翌年幕府の遣欧使節団の松平石見守一行に随行して、仏・英・蘭・オーストリア・露・ポルトガルを歴訪した。六三年中津藩中屋敷に転じ、攘夷論沸騰の政情に鑑みて夜間の外出などを慎むような行動をとる。六四年（元治元）一時中津に帰省した後、幕臣となって外国奉行翻訳方に出仕。六六年（慶応二）一二月『西洋事情』初編（続編の外編・二編を七〇年に完結）を発行し、翌年前半富士山号うけとりのための遣米使節小野友五郎に随行してふたたび訪米し、大量の洋書を購入して帰り、『西洋旅案内』『西洋衣食住』を発行した。このころから著述と教育に自分の活動分野をひらいていった。

とくに『西洋事情』は、欧米の近代資本主義社会の異文化に接して観察した結果を政治の形態や経済の仕くみ、社会の施設制度などにわたって克明に紹介したものである。米国の共和政治に言及して独立宣言中の all men are created equal を「天の人を生ずるは億兆皆同一轍にて」と訳し、「文明開化」の文字を初めて使用するなどして自由・平等の理念をきわめて平易に伝え、国民を封建下の迷蒙から覚醒すべく啓蒙的な姿勢を一貫させて記述した。封建イデオロギーに対して平易な筆致で思想闘争を宣言した意義をもつこの書は、福沢みずから偽版をふくめて二五万部ほど売れたと言い、大政奉還以前に一五代将軍徳川慶喜もこの前半を読んでいたほどである。

六八年（慶応四）塾を芝新銭座に移して慶応義塾と命名し、のちに日本を代表する私学に発展させた。江戸中が混乱の明治戊辰の上野彰義隊の戦争の最中も普段の日課にしたがって講義をつづけた。八月幕臣の身を退いて以後、終生官途に就かず在野民間にあって自己の志をとげる姿勢をとりつづけた。この年『訓蒙窮理図解』を、翌年『英国議事院談』『世界国尽』を発行し、本名のままで出版業を自営しはじめた。七〇年（明治三）断髪して帰省し、「中津留別之書」を記し、母をともなって帰京したが、在郷中もその開明さ故に刺客に狙われるほどであった。

『学問のすゝめ』と『文明論之概略』　翌年慶応義塾を三田に移して自分も転居し、七二年『学問のすゝめ』初編（一八七六年一七編で完結）と『かたわ娘』を発行した。『学問のすゝめ』は日本近代思想史上画期的な意味をもつ。冒頭から「天は人の上に人を造らず人の下に人を造らずと云へり」と説きはじめた万民平等の思想は、封建社会の道徳をあたり前としつつも疑問を感じていた多くの人々に新しい価値観をあたえ、同時に「国と国とは同等なれども、国中の人民に独立の気力なきときは一国独立の権義を伸ること能はす」と、国民個々の一身の独立こそが一国独立の基礎となることを強調して止まなかった。そして、この「独立自尊」の思想が福沢思想の核心となっている。この書もまた福沢自身各編合わせて三四〇万部も売れたと言うほどの超ベストセラーとなった。

七三年夏、純然たる民間の一私人として明六社の結成に参加し、翌七四年三月の『明六雑誌』の創刊（七五年一一月終刊）にともない同人とともに盛んに啓蒙の思想活動を展開し、「学者の職分を論ず」（『学問のすゝめ』四編）を発表して学者（洋学者）は在野人として「私立」すべきと主張し、旧幕臣から明治政府に「転向」した在官者の多い明六社同人のなかに学者職分論争を巻きおこした。この年二月『民間雑誌』（翌年終刊）を創刊し、ついで『学問のすゝめ』でspeechを演説と訳していたのを実行して義塾内で三田演説会を始め（翌年三田演説館を開館して公開）、演説による啓蒙とともに討論という民主主義の手法を紹介して演説勃興の先駆をなし、植木枝盛らの民権青年に強い影響をあたえた。

翌七五年にはギゾーの『ヨーロッパ文明史』などの影響をうけて『文明論之概略』をあらわし、日本史学史上に文明史観を樹立させた。これまでの著作で歯切れよく西洋の事物を紹介し日本の旧弊を打破してきた手法を転じて、「儒教流の古老」にも説得的な筆致で説いてかえって彼らを味方にしようとしたものであった。人類は野蛮から半開をへて文明に進歩するとの進歩史観（文明史観）を提示し、日本の歴史の特徴を列挙して、政権交替の歴史ばかりで発展が考えられず権力が偏重した社会で、「日本は、古来未だ国を成さずと云ふも可なり。……日本には政府ありて国民（ネーション）なし」と断言し、人民を近代的なネーションに育成することを急務とした。

七七年から翌年にかけて『旧藩情』（脱稿）、『明治十年丁丑公論』（脱稿）、『分権論』『民間経済録』『通貨論』『通俗民権論』『通俗国権論』などをつぎつぎに発表し、とくに、西南戦争とその直後の自由民権運動主体の在り方に批判的な言論を展開した。七九年東京学士会院の初代会長に選出され、『国会論』『民情一新』を発表した。翌年暮れ政府の大隈重信・伊藤博文・井上馨から機関紙の発行を依頼され、その意図が国会開設にあることを知らされて、翌八一年春にかけてこれに対して期待感をもった。だが、憲法構想をめぐり政府部内で大隈と伊藤・井上らのあいだに確執が起こり、折からの北海道開拓使官有物払い下げ問題に対する対応などにより、大隈陰謀説、大隈・福沢提携説などが流され、薩長藩閥勢力らによって大隈とその支持者が政府から追放され（明治一四年の政変）、福沢も圧迫をうけた。

この政変前の民権運動の高まりのなかで、『時事小言』（一八八一年九月刊）を執筆し、「民権」を伸張して自主独立の国民を育成することが「国権」伸張の前提であるとしてきたそれまでの主張を、「内安外競」の政策から考えて「国権」と「民権」との補完関係のバランスを否定して、「駄民権家」による「民権論の喋々たる」偏重は国内騒乱を激化させるもので「国権」伸張の妨げになる、と転回させたのである。

『時事新報』の創刊　八二年三月新聞『時事新報』を創刊、みずからのマスメディアをもつことにより、政変以後の政情にあって政党色の濃厚な有力新聞とは一線を画した論調を展開し、『時事大勢論』『帝室論』『兵論』『徳育如何』(以上一八八二年)、『学問之独立』(八三年)、『全国徴兵論』(八四年)、『通俗外交論』(同)を発表した。また朝鮮の金玉均を保護し、八五年三月『時事新報』社説に「脱亜論」を発表して現下のアジア認識をしめすとともに、日本の方途は欧米列強の陣営に身を置くことによって現実のアジア分割に参入することであると主張した。この年には『日本婦人論』前・後編、『士人処世論』『品行論』も発表した。八六年全国漫遊にでかけ東海道から関西などを歴遊し、『男女交際論』を発表し、翌八七年一二月『時事新報』社説に「官民調和論」を発表した。このように『時事新報』創刊以後は、西洋諸国に対峙して「武は先にして文は後なり」「外国交際の大本は腕力に在り」との武力を背景にしての富国強兵論の論調を強め、官民調和を力説するとともに「国権」優位の立場を鮮明にしていった。八八年『日本男子論』『尊皇論』を発表し、四月『時事新報』社説に「国会の準備」を発表し、翌年東京府参事会員に当選したが辞任した。九〇年慶応義塾に大学部を設置して、文・法・理財の三科を置いた。九一年「瘠《やせ》我慢の説」を脱稿して武士道の本質を説き、その衰微を憂えた。翌年春京阪・山陽地方を旅行し、北里柴三郎を援助して伝染病研究所の設立に尽力した。九四年金玉均の葬儀を友人とともにおこない、日清戦争の軍費寄付運動を発起して自身も一万円を寄付した。

その遺産　九六年一月『時事新報』社説に「人民の移住と娼婦の出稼ぎ」を発表、このころから朝食前五キロ程度の散歩を日課とする。九七年『福翁百話』を発表し、慶応義塾の小幡篤次郎の塾長辞任にともないみずから塾務を執った。九八年『福沢先生浮世談』『福沢全集』巻五（完結）を発表し、七月より『時事新報』に「福翁自伝」の連載を始め翌年二月に完結した。九月脳出血症を起こしてベルツの診察をうけ、天皇・皇后より病気見舞いをうけた。九九年『福翁自伝』『女大学評論・新女大学』を発表し、翌年永年の著作活動と教育事業による社会的貢献に対し皇室より五万円が下賜され、これを慶応義塾の基本金に寄付した。一九〇一年脳出血症が再発して二月三日死去。帝国議会衆議院は哀悼の意を満場一致で決議した。遺著として『福翁百余話』『明治十年丁丑公論・瘠我慢の説』が公刊された。

福沢は文明開化論者から富国強兵論者へと転回したかぎりでは、明治国家のたどった歩みと重なっている。しかし、この無類の総合的思想家ののこした思想はいまなお普遍的な示唆と課題を用意してくれている。そうした福沢の著作とおびただしい研究資料は慶応義塾大学の福沢研究センターと福沢諭吉協会とがそのセンターの役割を果たしている。

【参】慶応義塾編『福沢諭吉全集』（全二一巻・別巻一）岩波書店、一九五八〜六四　小泉信三『福沢諭吉』岩波新書、一九六六　鹿野政直『福沢諭吉』清水書院、一九六七　遠山茂樹『福沢諭吉』東京大学出版会、一九七〇　富田正文『考証　福沢諭吉』（全二巻）岩波書店、一九九二　福沢諭吉協会編・刊『福沢諭吉年鑑』一九七四〜

ほそいわきぞう　細井和喜蔵　一八九七（明治三〇）〜一九二五（大正一四）　労働運動家。

京都に生まれ、小学校を中退して、一三歳から機屋で働き、一九一六年（大正五）より大阪の鐘淵紡績その他の工場の労働者となる。就業中、左小指を失って失業し、労働運動に参加。二〇年に上京して亀戸の東京モスリン工場に就職したが、労働団体の友愛会にくわわって活動したため解雇された。二一年に知りあった紡績女工の堀としをと結婚し（内縁関係、一子を得たが夭折）、労働運動のかたわら、としをの助力を得て女性労働者の解放のための著述を重ね、死去一か月前に『女工哀史』（改造社）として公刊した。これは、自己の労働体験と詳細な実態調査にもとづいて第一次大戦後の女子労働者の苛酷な情況を告発したもので、専門研究者のあいだだけに珍重された農商務省工務局刊行の『職工事情』（一九〇三年）と異なり、幅広い多くの読者を得て版を重ねた。その印税をもとに細井和喜蔵遺志会が設立され、東京青山墓地に「解放運動無名戦士の墓」が建立され細井の遺骨が納められた。以後、広く社会運動に倒れた無名の人々が合葬されている。

【参】藤森成吉「細井和喜蔵『女工哀史』」エコノミスト編集部編『日本近代の名著』毎日新聞社、一九六六　高井としを『わたしの「女工哀史」』草土文化、一九八〇

やまじあいざん　山路愛山　一八六四（元治元）～一九一七（大正六）　ジャーナリスト・史論家。

本名は弥吉。江戸で幕臣（御家人）の家に生まれ、幕府崩壊により明治初年の幼少時を徳川藩地静岡で過ごす。旧幕臣としての境遇から悲哀の思想形成期を送る。一八八一年（明治一四）静岡県庁警務課雇となるが、八八年に東洋英和学校に入学しキリスト教に入信した。九一年メソジスト協会派の同信徒と『護教』を刊行し、北村透谷との近代的文芸論「人生相渉論争」で一躍世に知られるところとなった。翌年より五年間、徳富蘇峰の民友社に在社して『国民新聞』『国民之友』記者となり、主に、史論ジャーナリストとして名声を挙げた。退社して『防長回天史』編纂に尽力し、九九年『信濃毎日新聞』主筆となり、一九〇三年『独立評論』（〇四年『日露戦争実記』と改題）を創刊して、「帝国主義」を主張した。また、〇五年には中村太八郎らと国家社会党を結成し政治や社会運動の実践活動もおこなった。とくに「二十世紀の

問題」という自己の「現代」意識は、三部作の現代史論、即ち、『社会主義管見』（一九〇六年、『独立評論』などに連載した論考をまとめたもの）で国家社会主義の思想的立場をあきらかにし、『基督教評論』（一九〇六年）で信奉するキリスト教の果たした役割を近代日本の思想史のなかに位置づけて論評し、『現代金権史』（一九〇八年）で人物論的筆致で「新富豪」の問題を軸にして日本資本主義発展史論を展開する（ほかに『現代富豪論』一九一四年）という形で表明されている。このように愛山の本領は民間史学としての史論にあった。

その史論の斬新さは、経済を重視する史学の重要性を的確に見据えて、社会経済史の観点から現代史を解明する手法をとっていることである。また、広く「国民の生活」や「人情風俗の変遷」に注目しており、半世紀後の「民衆史研究」の先駆性をももっている。当時の考証至上主義的アカデミズム史学を極度に批判して、いわゆる「史学を芸術とする我等の所謂平民的史家の猶ほ活動すべき余地多きを知る」（「日本現代の史学及び史家」『太陽』一九〇九年九月）と主張して、史学史にみずからの民間史学の存在を意義づけて、民衆の歴史意識の形成に積極的に寄与しようとした。

【参】大久保利謙編『山路愛山集』〈明治文学全集35〉筑摩書房、一九六五　岡利郎編『山路愛山集』（一・二）〈民友社思想文学叢書二・三〉三一書房、一九八三・八五

よこやまげんのすけ　横山源之助　一八七一（明治四）〜一九一五（大正四）　社会問題研究家、労働問題の開拓者。

富山県生まれ。号は天涯茫々生。有磯逸郎とも称す。県立富山中学校を中退し、上京して代言人をめざすが、志を得ぬまま二葉亭四迷や松原岩五郎（一八九三年刊行の『最暗黒之東京』の著者）らと知りあい、文

学・社会問題に関心を寄せる。一八九四年（明治二七）、『毎日新聞』社長の島田三郎に見いだされて記者となり、「戦争と地方労役者」執筆を手はじめにして約五年間在社した。そのころ高野房太郎・片山潜と接触して、労働組合期成会に関与し、貧民研究会を組織し、一九〇一年には大日本労働団体連合本部に参加するなど、労働運動の黎明期に活躍した。

〇三年以後、運動の第一線から退いて文筆活動に専念するようになり、『太陽』『中央公論』『新公論』『新日本』などに明治維新関係、財閥富豪研究、貧民・労働者問題などを寄稿し、やがて、移民・植民問題を重視して、一二年にはブラジルに渡るほどの熱心さをしめしたが、不遇のなか、東京で没した。横山の名を不朽にしているのは、『毎日新聞』時代に都市下層社会の生活実態・機業地帯の労働事情・富山県の小作人状態などを視察調査したりして、折に触れてルポルタージュを発表し、やがて、一八九六年から九八年にかけて調査したものをまとめて、九九年四月に『日本之下層社会』と題して公刊したことである。東京の貧民状態・職人社会、桐生・足利・阪神地方の手工業の現状、機械工場の労働者、小作人生活事情など底辺各層にわたっている本書には、「貧は淋しき者」との労働者階級の立場に立った横山の「下積みの人々への尽きない愛」（小田切秀雄評）の筆致が横溢しており、本書を労働事情調査の古典的先駆書たらしめ、明治社会文献の名著としている。また、同年『内地雑居後之日本』を発表している。郷里富山県魚津の新金屋公園には「社会福祉の先覚　讃　横山源之助先生」の碑が建立されている。

【参】『横山源之助全集』（全四巻、第一・三巻のみ刊行）明治文献、一九七二〜　立花雄一『評伝横山源之助』創樹社、一九七九　西田長寿『日本ジャーナリズム史研究』みすず書房、一九八九

よしのさくぞう　吉野作造　一八七八（明治一一）〜一九三三（昭和八）　政治学者・ジャーナリスト。

宮城県志田郡古川町の綿屋の家に生まれる。郷里にちなみ古川学人と号す。小学生より読書に親しみ雑誌に投稿。第二高等学校在学中、尚絅女学校長ミス・ブゼルのバイブル・クラスに参加して洗礼をうけ、仙台女子師範学校生阿部たまのと結婚後、一九〇〇年（明治三三）東京帝大法科大学政治学科に入学した。在学中は首席を通し、小野塚喜平次教授に師事し、また自由神学の海老名弾正の本郷教会の会員となった。海老名の説教を速記し、キリスト教系の雑誌『新人』の編集にもくわわり、社会主義協会演説会に出席してキリスト教社会主義者の安部磯雄や木下尚江らに親近し、浮田和民の学問や人格にも影響をうけた。〇四年大学院にすすみ、東京帝大工科大学講師となったが、〇六年梅謙次郎らの推薦で清国直隷総督袁世凱の招聘で長子克定の家庭教師となって家族とともに訪中し、翌年天津の北洋政法専門学堂の教員を兼ねた。その教え子に李大釗がいた。

民本主義と民主主義　〇九年東京帝大法科の助教授となり、政治史を担当し、翌年より一三年（大正二）まで後藤新平の資金援助もうけて独・英・米に留学し、政治状況を視察した。このため、この間の第一次憲政擁護運動にはかかわらなかったが、大正デモクラシーの高まりのなかに帰国して教授となり、欧州現代政治史を講義するとともに、『中央公論』の名編集長滝田樗陰に注目されて、一四年一月よりほとんど毎号のように政論を寄稿するようになった。三八歳のとき、同誌一六年一月号に「憲政の本義を説いて其有終の美を済すの途を論ず」を発表して、デモクラシー運動に理論的根拠をあたえる役割を果たした。

吉野はこの論文で、「デモクラシー」に「民本主義」の訳語をあてている。そして、「デモクラシー」の用語は二つの異なった意味にもちいられているとして、一つは「国家の主権は法理上人民に在り」という意味で、ほかの一つは「国家の主権の活動の基本的の目標は政治上人民に在るべし」という意味で、前者の意味には「民主主義」の語をもちいるのが適当であるが、後者の意味としては「民本主義」があてられるとした。すなわち、主権在民というデモクラシーの法的側面と、主権の運用という政治的側面とが有するそれぞれの意味を二つの異なった意味として、「民本主義と民主主義とは、明白に別個の観念」と考え、主権の政治的な運用の問題に焦点を当てることによって、大日本帝国憲法の枠のなかで最大限に立憲政治の実を挙げようとその理論化につとめたのである。これは、当時の政治状況のなかにあって、議会中心の政治の在り方を懸命に探り得た現実的な理論であり、有効な政治論であったといえる。このように、政治の目的は民衆の利福にあり、政策の決定は民衆の意向に沿うべきであるとし、現下の具体的目標を普通選挙と政党政治の実現においたのが「吉野民本主義」の核であった。この「民本主義」はデモクラシーを希求し、政治にめざめた広範な民衆の心をとらえ、吉野はアカデミズムの枠をこえて一躍政論界のリーダーとなり、以後も『中央公論』を主舞台にして各雑誌で民本主義の論調を展開した。

その言論活動　一八年一一月には「白虹事件」(『大阪朝日新聞』の筆禍事件)に対する国家主義者の攻撃に敢然と立ち向かって、東京神田小川町の南明倶楽部で浪人会と立合演説で対決して論破し、民衆の喝采を博した。この機運のなかで同年、三宅雪嶺・福田徳三ら新旧の知識人学者グループと黎明会を結成し、吉野の影響をうけた東大の学生らも新人会を組織して、機関誌『黎明講演集』『デモクラシイ』を発行して民本主義運動の活動拠点とした。二四年二月東大教授を辞職して朝日新聞社にはいり編集顧問・論説委員となったが、演説(五箇条の誓文事件)や筆禍事件により五月に退社を余儀なくされ、東大で研究室をもつ講師となった。二七年(昭和二)東大の古在由直総長の思想顧問となり、翌年にも中央公論社社長嶋中雄作の顧問格となって、言論活動をつづけた。この間、折から知識人・学生らをとらえたマルクス主義の革命戦略路線には反対の立場を表明し、二六年には、安部磯雄・堀江帰一とともに無産政党の社会民衆党の結成に参画し、三二年にも安部磯雄らの社会大衆党の結成にくわわり、社会民主主義路線の姿勢を保ちつづけた。

生活文化と明治文化の研究　民間学の観点から注目されるものとして、一九年に家庭購買組合を設立してその理事長になり民間の消費者運動の育成に尽力したことや、翌年に有島武郎・森本厚吉と文化生活研究会（機関誌『文化生活研究』『文化生活』）を組織して講演や論考で生活文化の改善につとめたことが挙げられる。さらに特筆されるのは、二一年から本格的に明治文化の研究を開始し、二四年には少年期にファンであった石井研堂や宮武外骨・尾佐竹猛らの在野の言論人・学者たちと明治文化研究会を創立してその会長となり、研究・例会・機関誌発行の雑務まで率先しておこなって、三〇年に浩瀚な『明治文化全集』全二四巻を完結させたことである。本全集はとくに幅広い豊富な史料面で史学史上に先駆的役割を果たした。

三三年三月一八日に神奈川県逗子小坪の湘南サナトリウム病院で五五歳の生涯を閉じたが、その名は中央公論社の「吉野作造賞」に留められ、郷里の宮城県古川市立「吉野作造記念館」はデモクラシーの発進地としてその資料センターの役割を果たしており、旺盛な著作活動の全容は『吉野作造選集』全一五巻・別巻一（岩波書店、一九九五年〜）であきらかにされつつある。

【参】田中惣五郎『吉野作造』未来社、一九五八　武田清子「吉野作造―天皇制下のデモクラシー」朝日ジャーナル編集部編『日本の思想家』（2）朝日新聞社、一九六三　三谷太一郎『新版大正デモクラシー論―吉野作造の時代』東大出版会、一九五五　太田雅夫「吉野作造年譜」『キリスト教社会問題研究』（第一六・七号）同志社大学人文科学研究所、一九七〇年三月　田沢晴子「デモクラシーの発進地・吉野作造記念館」『民衆史研究会会報』（三九号）一九九五年五月

〔事項編〕

きょうぞんどうしゅう　共存同衆

明治前期の啓蒙学術団体。英国留学中の小野梓・馬場辰猪らが邦人の親睦と智識の交換のために一八七三年（明治六）九月ロンドンで組織した日本学生会を発展させたもので、帰国直後の七四年九月二〇日、小野ら七名が政治・文化の啓蒙をめざして東京・両国の中村楼で結成した。

一二月に「人間共存の道」をすすめるための規則「共存同衆条例」を定め、不偏不党を標榜して身分や出自を問わず、会長や代表者を置かず、衆員相互同等の権利をもって自主的・自律的に運営し、法律・教育・理財商業・衛生の四点に留意して活動を展開しようとした。七五年二月に機関誌『共存雑誌』を創刊、八〇年五月まで全六七号を刊行しつづけて衆員相互の意見発表の場としたほか、七七年二月に東京・新橋日吉町七番地（現・銀座八丁目）に共存衆館を落成させて活動の拠点とした。

中心は小野で、欧米留学から新帰国の少壮知識人が多く、馬場のほかに前後して岩崎小二郎・大内青巒・尾崎三良・菊池大麓・島地黙雷・金子堅太郎・田口卯吉・増島六一郎・渡辺洪基・肥塚龍・鳩山和夫・島田三郎・磯野計らの学者・官僚・ジャーナリスト・代言人たちが参加し、八一年には七五名を数えた。具体的な同衆の活動は、女性にも一定の条件で加入の途をひらき、毎月二回の常会と演説会（講談会）を主宰し、政治・法律・財政・経済から文学にいたるまで幅広く講究した。とくに言論の暴力から人権を擁護することに留意し、「私擬憲法意見」（七九年三月ごろ）を発表し、徴兵令改訂問題や条約改正問題などに積極的に関わった。また、七九年秋には共存衆館の隣に講堂と我が国近代の民間図書館の先駆として注目される共存文庫の建物を新築して「共存文庫定則」「書籍閲覧手続」「書籍受託手続」などを定めて書籍を一般に公開することにつとめた。

自由民権運動の高まりのなかで、官僚をメンバーに擁している同衆は、八〇年に小野が「平生民間の有志者と交際あると謂うを以て朝頗る君を疑い」（「自伝」）と記しているように同衆の活動が政府部内で問題となり、また、八一年の「明治一四年の政変」にともなう下野組と在朝組とのあいだに分裂が起こるなどして同年末に解体を余儀なくされた。同衆は、明治初年の明六社、明治末期から昭和初年にかけて活躍した大日本文明協会などとともに、近代日本の有力な民間団体として重要な位置を占めており、共存衆館そのものは大正期まで存続した。

【参】早稲田大学大学史編集所編『小野梓全集』（第五巻）早稲田大学出版部、一九八二　早稲田大学大学史編集所編『小野梓の研究』早稲田大学出版部、一九八六

しぎけんぽう　私擬憲法

「私に憲法に擬す」の意で、主に自由民権運動のなかで民間在野の民権家や民権各派が大日本帝国憲法（明治憲法）制定以前に構想した憲法草案をさす。今日、約四〇種ほどが発見紹介されている。

民権家たちの憲法草案　明治政府は近代国家としての機構と制度の確立を急いで憲法構想に着手し、元老院では勅命をうけて憲法草案（「日本国憲按」第一〜三次案、一八七六〜八〇年）を起草し、政府内部でも保守と急進を交じえて、山県有朋・黒田清隆・山田顕義・井上馨・伊藤博文・大隈重信・大木喬任の各参議が一八七九年（明治一二）から八一年にかけて憲法意見書を上奏した。これに対抗する形で、民権家たちも自己の国家体制の理想を憲法草案に凝縮させてもち寄ったりあるいは新聞雑誌に掲げて同志や国民に訴える行動にで、あるものは未公表のまま長く埋もれたりもした。その意味では、この時期は草の根の民衆憲法の続出の時代であったとも言える。これらは民権運動の高まりと連動して、七九年から八一年に集

中している。これは民権運動の最大の組織として発展してきた国会期成同盟が第二回大会（八〇年一一月）で八一年一〇月に予定した次の大会に憲法見込案を持参することを決議したところから、同盟に参加している同志や各民権結社が積極的に憲法草案の作成にとりくんだ結果であった。

岩手県出身の民権家小田為綱文書中の憲法草稿評林は国民投票による皇帝のリコールをも主張した独自の草案で、嚶鳴社案に影響をうけたといわれる五日市の千葉卓三郎ら青年グループの日本帝国憲法（五日市憲法草案、八一年四～五月ごろ）も全二〇四条のうち国民の基本的人権の保障に三六条もあてきめ細かく人権に配慮しており、植木枝盛草案を除く大部分の草案がかならずしも人権の不可侵性と保障とを条文の上にあきらかにしていないなかにあって特異な内容をしめしている。全体を大別すれば、その直後に結成された政党各派の主張に連なるものとなっている。なかでも、共存同衆の私擬憲法意見（七九年三月ごろ）、嚶鳴社の嚶鳴社案（七九年ごろ）、交詢社の私擬憲法案（八一年四月）と私考憲法草案（八一年五～六月）はのちの立憲改進党に連なり、政治理念として英国流の立憲君主制にもとづく議院内閣制を掲げている。

植木枝盛の日本国憲法・東洋大日本国国憲案・日本国国憲案（八一年八月）、立志社の日本憲法見込案（八一年九月）はのちの自由党に連なり急進的な姿勢を鮮明にしている。とくに植木案はもっとも民主主義的な内容をそなえて、憲法の眼目に人権の保障を位置づけて人民主権説に立脚しており、参政権をできるだけ多くの国民にあたえるために他の草案にはみられない男女性別を問わない女子参政権を認め、戦後の日本国憲法を先どりした内容であったことが特筆される。とくに民選による一院制と地方分権の尊重にくわえて、抵抗権と革命権を規定し、さらに日本を連邦制国家に構想していることなど他に類例のない独自の構想をしめしている。

『東京日日新聞』（福地源一郎）の国憲意見（八一年三〜四月）はのちの帝政党に連なり官権派的体質を内包して君主観を神話による神秘主義的権威で包んでいるとはいうものの政党内閣制を前提とし、地方自治にも留意して君民同治を主張している。

小野梓の『国憲汎論』 従来、私擬憲法に入れられていないものに、改進党の幹部小野梓が構想した浩瀚な『国憲汎論』全三冊（構想は七六年から開始し八二〜八五年に刊行）の憲法草案がある。これは法理論と解釈・運用と問題点とを詳述するスタイルで憲法構想を具体的に提示した民権期最長文の草案である。とくにその条文の末尾第四七章に「立憲国民の具備すべき六質を論ず」の最終章を置いて、「独立自主の精神」「愛国の公心」「多数の所決に聴従するの気風」「政治の改良前進を謀るの性質」「方便と手段とに依て社会の事を処するの性格」「憲法を固執するの実力」を有する国民が不可欠であるとして、この六質を得た国民を有して初めて自分の構想したこの憲法草案に魂が宿るとした。このように憲法草案のなかに、憲法を活かすも殺すも「人」しだいであるとして「立憲国民」の育成を重要視して構想したものは小野以外にはなく、独自の特色をしめしているものであった。

こうした多様な憲法草案は大日本帝国憲法制定以前に、国民がそれぞれの立場から、いかに自発的に明確な政治理念をもって近代国家を構想しようとしていたかを如実に物語るものであって、憲法思想史上に重要な意義をもつものとしなければならない。もとより、徹底した民主主義を基軸としているものから穏やかな立憲主義を主張したり君権主義を強調するものまで多種多様にわたっているとはいうものの、大部分が英国流の議院内閣主義や米国流の三権分立の政治体制のなかでの君民同治の国家形態を構想しており、これらを否定する君権主義を主張するものはわずかであったことが注目される。

【参】稲田正次『明治憲法成立史』（上・下）有斐閣、一九六〇・六二　家永三郎『日本近代憲法思想史研究』岩波

書店、一九六七　色川大吉ほか『民衆憲法の創造』評論社、一九七〇　家永三郎ほか編『明治前期の憲法構想』（改訂版）福村出版、一九八五

じゆうみんけんうんどう　自由民権運動

明治前半期の自由と民権をもとめた国民的大運動。始期と終期の指標は、前参議らが建白書を提出した一八七四年（明治七）から、帝国議会開設の九〇年まで。

運動の起こりと啓蒙思想　この運動は、七三年に征韓論争に敗北して下野し、七四年一月に愛国公党を組織した板垣退助・後藤象二郎ら前参議と開明知識人ら八名が民撰議院設立建白書を政府に提出して開始された。建白書の眼目は、薩長藩閥政府を有司専制と批判し、人民によって選出された議会を設立して国家の運営をはかるべきであり、納税者に参政の権利をあたえるべきである、ということにあった。当初は士族層の運動であったが、租税負担者は政治に参画する権利をもつとの思想は、多くの人々の心をとらえた。

この時期、人びとを自由や権利にめざめさせ、民権運動へみちびくのに強い推進力となったのは、啓蒙思想家たちの文筆・言論活動であった。Ｊ・Ｓ・ミルの *On Liberty*（中村正直訳『自由之理』一八七二年）、モンテスキューの *De l'esprit des lois*（何礼之訳『万法精理』一八七五年）などの訳刊や、福沢諭吉の『学問のすゝめ』をはじめとする著作の多くは、ベストセラーズとなり、人びとに吸収され、運動に理論的根拠をあたえる機能を果たした。福島の河野広中が『自由之理』を読んで、攘夷をも唱えた従来の思想が、忠孝の道を除いただけで、「一朝にして大革命を起し」たとのべたのは、限界をふくめて、啓蒙思想による自由民権思想への転換の告白として有名である。少し後のスペンサーの *Social Statics* の訳刊『社会平

権論』(一八八一年)などは、「平権」の二字が民権家の心をとらえ、訳者松島剛が驚愕するほど出版元の報告社(堂)に注文が殺到し、「自由民権の教科書」とよばれた。

運動の高まりと学習活動　やがて運動は豪農層へひろがり、西南戦争以後、武力挙兵路線を否定して言論活動に重きを置く路線をたどり、国会開設・地方自治の確立・地租軽減・不平等条約の改正の四大要求を共通目標とする全国的な国民運動の性格をもちはじめた。その一方、小野梓・馬場辰猪ら都市新知識人層が学術啓蒙思想団体の共存同衆を結成したり、嚶鳴社(沼間守一ら)・東洋議政会(矢野文雄〔竜渓〕ら)・鷗渡会(小野梓ら)などの慶応義塾出身者やジャーナリスト・代言人(弁護士)たちが新聞雑誌や講演会などで民権論を展開して独自の都市・民権派の潮流を形成していった。岸田(中島)俊子や景山(福田)英子などの女性民権家も登場するようになった。

全国的に政談演説がさかんとなり、各地に政治結社も続出し、政党政社は民権期全国で三〇〇をこえ、草の根の政治学習と行動が展開された。折から樹立されはじめていた公教育の外に、おびただしい学習結社が結成された。武州西多摩郡五日市の場合を例にとると、若者たちによって学芸講談会が結成され、「智識ヲ交換シ気力ヲ興奮セン」ために演説会・討論会をひらくとともに、必要な書物の購求が取りきめられ、「貴族可廃乎否」「国会ハ二院ヲ要スルヤ」「女帝ヲ立ツルノ可否」などの題目をたてて、さかんに討論をおこなった(色川大吉編『三多摩自由民権史料集』一九七九年)。また丹後に天橋義塾、肥後に大江義塾など、民権私塾が開設され、官設の「専制学校」にたいして「自由学校」の自負をもって政治・経済の学を学んだ。その意味で自由民権運動は、政治運動であるとともに、国民的な規模の学習運動でもあった。

天賦人権論　こうした運動の根底には、人間の自由権を不可侵とする基本的人権の理念があった。この理念は、運動の高まりとともに、伝統的な「天」という用語を借りて、「天賦人権」という表現で浮上し、たちまち普及した。おびただしく作成された民権派の私擬憲法の多くには、人権保障の条項が詳しく盛りこまれ、場合によっては抵抗権・革命権も明記された。J＝J・ルソーの *Du contrat social, ou principes du droit politique* を『民約訳解』として訳した中江兆民、『天賦人権弁』をあらわした植木枝盛、『天賦人権論』をあらわした馬場辰猪らが、この主張の有力な論者としてあらわれた。日本史上に「人権」を初めて突きだした彼らの仕事は、小野梓の憲法論『国憲汎論』や民法論『民法之骨』とともども、民権運動の生みだした法学・政治学上の巨大な成果となっている。

天賦人権論に結晶するような思想や運動の興起は、反対派とのあいだに鋭い緊張を引きおこさずにはいなかった。政治の局面で政府は、新聞紙条例・讒謗律・集会条例など一連の治安法令によって、運動の抑圧につとめたが、思想の次元では論争が繰りひろげられた。民撰議院設立建白書をめぐって時期尚早か否かが争われた民撰議院論争、国家構想をめぐる主権論争、社会進化論によって天賦人権説を批判した加藤弘之『人権新説』をめぐる天賦人権論争などがそれであり、自由民権運動は、争点を明確に打ちだすことによって、論争という遺産をのこしたともいえる。

政党結成から激化事件へ　その間、八一年一〇月板垣退助を党首として、初めての全国的な政党として自由党が結成された。その自由党結成過程のあいだに、参議大隈重信が政党内閣制を基軸とする即時総選挙・議会開設を主張するとともに、開拓使官有物払い下げに反対したかどで、政府から追放されるという明治一四年一〇月の政変がおこった。同時に政府は、九〇年を期して国会を開設するとの詔勅を発した。同志とともに下野した大隈は翌八二年三月に沼間守一・矢野文雄・小野梓らの主に都市民権派を糾合して立憲改進党を結成した。

結成された自由党は上昇期の農民層や特権をもたない商工業者を支持者にして国民の権利拡張を主眼と

する革新的路線をとり、立憲改進党は都市や農村の資産家・名望家層を基盤にした君民両立の漸進主義路線をとり、ともに立憲制を主張してそれぞれ機関紙をもって言論を展開したとはいうものの、互いに攻撃しあう始末で、統一行動をとって政府に対決する姿勢をついに展開しなかった。

政府は、反対勢力に徹底した弾圧政策をつづけるとともに、松方正義大蔵卿がデフレ政策をすすめていったため、深刻な不況が日本全土を覆った。八五年にかけて税金滞納による資産の公売処分者や身代限りの者が続出し、この結果農民層の分解がおこり、豪農層は寄生地主化し、貧・中農層は小作農へと転移した。いわゆる激化事件はこうした状況のなかで激発し、八二年の福島事件を契機に、八六年まで高田事件・群馬事件・加波山事件・秩父事件・飯田事件・名古屋事件・大阪事件・静岡事件と激化事件があいついだ。なかでも秩父では、名主で博徒でもあった田代栄助を指導者として「自由自治元年」と私元号まで宣言した武装蜂起がおこった。この激化事件は、全体的には騒擾の域をこえた政治的要求を掲げ、「世直し」を願望する直接行動のあらわれであった。こうした最中の八四年一〇月に自由党は解党し、一二月には立憲改進党も事実上解党した。

このあと八七年、条約改正問題を契機に、政府に外交失策の挽回・地租軽減・言論集会の自由を要求する三大事件建白運動がおこり、また後藤象二郎が旧自由党や立憲改進党の民間政客によびかけて大同団結運動を開始するが、いずれも往年の持続力はなく、八九年二月の大日本帝国憲法の発布、九〇年七月の第一回総選挙にいたった。その結果、民党勢力は過半数を占め、初期議会は民党優勢のなかで開幕することになる。

文化上の痕跡　自由民権運動は、政治小説という文学上の新しいジャンルをひらいた。矢野竜渓の『経国美談』、東海散士の『佳人之奇遇』、末広鉄腸の『雪中梅』などがその代表作で、人びとは、そこで展開される物語に没入しつつ、経世の志を高ぶらせることができた。またアジアにも民権の伝統のあることを描きだした小室案外堂の『東洋民権百家伝』も、運動の生みだした名作であった。

政治運動の常として、幾人もの挫折者のでることは避けがたかった。しかし近代日本文化は、その余儘を抱える人びとによって作られたという面をもっている。北村透谷、二葉亭四迷、宮武外骨、添田唖蝉坊……と数えてゆけば、民権派くずれというかたちをとおして、自由民権運動が文化にのこした足跡の深さがうかがわれるだろう。

【参】堀江英一・遠山茂樹編『自由民権期の研究』〈全四冊〉有斐閣、一九五九　大石嘉一郎『日本地方財行政史序説―自由民権運動と地方自治制』御茶の水書房、一九六一　色川大吉『明治精神史』黄河書房、一九六四　後藤靖『自由民権運動の展開』有斐閣、一九六六　坂根義久編『自由民権』〈論集日本歴史10〉有精堂出版、一九七三　江村栄一『自由民権革命の研究』法政大学出版局、一九八四　遠山茂樹『自由民権と現代』筑摩書房、一九八五　大日方純夫『自由民権運動と立憲改進党』早稲田大学出版部、一九九一

（一九九七年六月発表）

第六章　解　題

小序　解題

〈第六章　解題〉には、第一節の編集復刻版『島田三郎全集』全七巻（編集委員会代表内山秀夫）の旧全集には無かった第七巻「演説、序文、回顧・伝記」（佐藤能丸編、龍渓書舎、一九八九年五月）の内の「演説(1)(2)」・「序文」の解題と、第二節の復刻版早稲田大学大学史編集所監修『大隈伯昔日譚』（明治文献、一九七二年三月）の解題を掲げた。

第一節の旧全集とは、島田の没後に、吉野作造・山室軍平・木下尚江編『島田三郎全集』全五巻（警醒社、一九二四―二五年）のことであり、これに、編集復刻版では第六巻「社会主義と日本改造」と私の編集・解題の第七巻が旧全集に加えられたわけである。

第二節の『大隈伯昔日譚』は大隈重信述・円城寺清編、一八九五年六月、立憲改進党党報局発行を大隈没後五〇年記念・早稲田大学創立九〇年記念として復刻されたものである。この解題は、第一章の小序で記したように、早稲田大学大学史編集所で木村毅先生の助手役となっていた私は、木村先生の「この復刻版の解題を記すように」との命を受けて提出した論考である。

本書に「解題」を収録した理由は、「はじめに」で記したように、解題を付した大冊本は高価な全集類や高価な復刻本が多く、一般の方々は「解題」を読む機会が余りにも少ないと考えたので、本書に収録した次第である。

第一節

解題『島田三郎全集』第七巻

本全集では第一巻から第六巻までが各分野ごとに比較的まとまった巻別構成であるのに対し、本巻ではそれらに収録し得なかった作品を含む島田のさまざまな作品を収録した雑纂とした。従って、本巻の構成は「演説(1)」「演説(2)」「序文」「回顧・伝記」におおまかに四区分した。この内、演説は形式的な分類であって、内容はほとんど時事を論じた時論である。

「演説(1)」は自由民権期〜初期議会期のもの、「演説(2)」は明治末期〜大正期のもので、第六巻までが大体明治中期の著作に集中しているのに対し、本巻では従来手薄であった自由民権期の時論や大正期の発言を配するように努めた。「序文」を寄せた書はいづれも話題作といってよいものばかりである。「回顧・伝記」は比較的自己を語ることをしなかった島田にとっては貴重なものである。これらの内、単行本が四編あり、みな稀覯書であることからほぼ全文を収録することにした。

われわれは、こうした雑纂の作品に接することによって、島田の思想家としての多方面にわたる関心の広さと深さを改めて確認することができるであろう。その意味からも、本巻は今後の島田研究にとって稗益するところが少くないと思われる。

島田三郎は明治・大正期有数の雄弁家であり、議会にあって、初期には井上角五郎・高梨哲四郎と共に能弁の三幅対と称され、明治末期頃には、犬養毅・尾崎行雄・武富時敏と共に四大雄弁家と称され、その中でも第一の雄弁家であった。彼はその類稀なる弁論をもって自由民権期に活躍し、議会開設後は代議士として実に一五八回という極めて多くの発言を議会に残した。速記者の小野田亮正は、『現代名士の演説振』（明治四一年八月、博文館発行）で、明治の雄弁家六四名を挙げて、その中でも島田を巻頭に掲げ、「一議会に何うしても氏の演説がなくてはならぬ程で、氏の弁舌は、日本議会の花と云つても可い」とまで絶賛している。小野田によれば、日本人の弁舌は普通一分間に三〇〇音内外であるのに対し、島田は五五〇音内外という大変な速度であったという。そして、ペラペラ喋ってしまうその能弁ぶりから、いつしか「三郎」をもじって「喋郎《しゃべろう》」と称されるに至ったといわれる。

島田の雄弁振りは、多方面に亘る不断の研究と確固とした見識に加えて天性のものがあったようである。元老院時代に早くもその片鱗が現われ、後述の如く明治一二年の有栖川宮邸での演説が好評を博し、又、改進党の同志となった矢野文雄が初めて島田を知ったのも、西南戦争に呼応して沼間守一と事を企てようとして二・三〇人で演説会を開いた折、そこにやってきた島田の演説（島田としては最初の演説）が余りにも雄弁であったことに注目したからであるという（松枝保二編『大隈侯昔日譚』所収の矢野文雄談「補大隈侯昔日譚」、〈大正一一年三月、報知新聞社出版部発行〉、二五―二六頁）。高田早苗も初めて会った日に、その雄弁さに驚愕した一人であった（後述）。このように島田は筆の人であると同時に、むしろそれ以上と言ってよいほど能弁を最大限に武器とした思想家であった、と言ってよい。以下に収録するように、島田の廃娼問題・足尾鉱毒問題・普選運動などは、『毎日新聞』の社説以外にいづれもおびただしい回数の演説によって各地で広く訴え続けられたのであって、思想伝達の機能としての彼の演説は極めて重要な比重を占めていたことを看過してはならないのである。

　ところで、演説の記録はなかなか残りにくいといわれる。特に録音器の普及していないこの時期に、演説者自身がその草稿を新聞・雑誌に提供し、あるいは自著などに収録するか、さもなければ常に速記者を伴わない限り、その発言は僅かに一堂内の人々の聴聞するところのみにとどまって、他に及ぶことがないままとなる。こうした制約を反映してか、島田がいかに雄弁家であっても、その残された演説記録は意外に少ない。島田が生涯に行った大小の演説は恐らく一千回以下であるとは考えられないが、速記録は元よりその内容がかなり判明するものは、議会演説を除いて百にも満たないのではないか。ここに、極めて短期間に蒐集した島田の演説は、こうした中の一部に過ぎず、本巻には合わせて二四編を収録した。これを時期的に二分し、この(1)の部には、元老院時代・立憲改進党結成期・初期議会期の、言わば明治前半期のもので、議会外の演説一八編を収めた。官僚から政党人へ、そしてキリスト教の洗礼を受け（明治一九年一月三日、植村正久より受洗）、外遊から帰国して社会問題に発言するなど視野が拡大していく島田の足跡が演説の中にはっきりと看取することができるであろう。

　一、演説ノ必要　『郵便報知新聞』明治一二年五月一九日号所収。この演説は、同紙五月五日号の記事に、「元老院議長有栖川親王は御園の牡丹満開せしを以て、過る二日副議長幹事始め議官書記官を会して宴を開かれし折、河津、江木、島田の三書記官に演説の御所望ありしかは、御意に応して孰れも直に起つて雄弁を揮れたりと。〔略〕島田氏は物好む所に集ると云ふ主意にて、牡丹を借りて親王殿下の徳を賛頌されしが、是れは取分けての出来にて主客ともに喝采啻ならざりし由。」とあるように、明治一二年五月二日、元老院議長有栖川宮邸での宴会の席上で行われたものである。右の記事には島田の演題は記されておらず、「物好む所に集ると云ふ主意」であったと伝えられているが、宮武外骨が『明治演説史』(大正一五年四月、有限社発行)で「明治十二年〔略〕島田三郎が有栖川宮邸で『演説の必要』といふ題で演説し」(六四頁)と伝えていることもあり、内容からみても「演説の必要」の主張であることから、これを演題とみなすことにした。島田はこの時元老院権少書記官で、演説は既に明治一〇年から始めていたが(後掲の「序文」九参照)、この演説が上出来で大好評を博していたことは、「雄弁家」島田像が着々として形造られていた例証となるであろう。なお、この演説は、「有栖川宮ノ館ニ於テ宴会ノ時演説」と題されて、岡文二編『明治演説大家集』巻之三(明治一三年五月、山中市兵衛刊)にも収録されている。

二、激徒ヲ制スルハ自由制度ニ在リ　渡辺隆編『名家演説集誌』第九号(明治一四年一一月、法木徳兵衛〈漸進堂〉出版)所収。『東京横浜毎日新聞』明治一四年一一月五日号の顕猶社政談演説会の予告記事に「明六日午後五時より横浜羽衣町佐の松座に開く」「弊社の島田三郎(自由ノ制度ハ過激ノ勢焰ヲ制スルノ第一策タルヲ論ス)肥塚龍(畏友東京日日新聞)等なり」とあり、同紙一一月八日号にその報道があり、題名より推測して、この演説は明治一四年一一月六日、顕猶社(明治一三年一二月八日設立認可)が横浜羽衣町の劇場「佐の松座」で開催した政談演説会に於けるものと思われる。なお、編者の渡辺隆(?—明治一九年一〇月一日)は愛媛県人で、明治一四年六月一五日に『名家演説集誌』を創刊し、一六年二月の第三〇号(終号)まで署名編輯人であった。『東京横浜毎日新聞』明治一四年一二月二〇日号に肥塚龍演説「天道是耶非耶」を筆記している者も同一人と思われ、改進党系の人物であったらしい。又、代言人であり、愛媛県会議員(常置委員)であったという(宮武外骨・西田長寿『明治新聞雑誌関係者略伝』参照)。発行人の法木徳兵衛は江戸深川生れの漸進堂主人。明治四年『横浜毎日新聞』の東京支局主任となり、一三年九月

『風雅の友』を創刊し、一四年六月『名家演説集誌』を創刊した。二〇年一二月閉店の後、翌年新聞雑誌発売会社を起したが再び閉店した（宮武・西田同書、三橋猛雄編刊『明治前期思想史文献』参照）。

三、勤王論　『嚶鳴雑誌』第三七号（明治一五年一月一七日）所収。いつ、どこで行った演説か不明であるが、演説中に「前年魯国ノ兵士爾其ノ彊ヲ圧シテ」とあることから、同誌発行直前の明治一五年一月上旬から中旬にかけてのことと推測される。この演説は、後に収録した「王室ノ尊栄ヲ保チ人民ノ幸福ヲ全フスベシ」とともに島田の勤王論を示すもので、小野梓の「余が政事上の大主義」（明治一五年五月二七日筆〜六月一四日校）、「勤王論」（同年後半筆、ともに『小野梓全集』第三巻所収）と共に立憲改進党系の勤王思想を代表するものである。島田の主張は、民権を説き立憲論を説く者は王権の敵で共和主義者であると速断する保守的な風潮に反駁したもので、民権と勤王は一致するもので、「国憲ヲ設ケ、国会ヲ開クハ、王室ヲ慮リ、帝徳ヲ成就スル所以ノ大計ニシテ、勤王ノ道此ニ過ルナキヲ知ルベキナリ」と結んでいる。なお、『嚶鳴雑誌』は島田自身が「校閲」の任に当り、杉谷義久が編輯担当であった。

四、外交論　渡辺隆編『名家演説集誌』第一四号、第一五号（明治一五年二月二五日、三月一〇日、漸進堂発兌）所収。東京浅草の井生村楼でいつ行った演説であるか不明であるが、演説中に「昨年布哇皇帝カ我国ニ周遊セラル」とあること（ハワイ国王の来日は、明治一四年三月上旬で、二週間滞在）から、明治一五年一月から二月中旬の間の演説である。

五、王室ノ尊栄ヲ保チ人民ノ幸福ヲ全フスベシ　平沢寛柔編刊『立憲改進党諸名士政談演説筆記』（明治一五年六月）所収。この演説は、立憲改進党が結成して間もない明治一五年五月一三日・一四日の両日に亘って、東京木挽町の明治会堂（京橋区木挽町二丁目一四番地。同年四月一六日の立憲改進党結党式の会場。同年六月二六日付立憲改進党「届書」の党の所在地）で行った改進党政談大演説会の時のもので、島田は一四日にこの演説を行った。一三日には藤田茂吉・犬養毅・沼間守一・鳩山和夫・矢野貞雄・青木匡・箕浦勝人、一四日には島田・肥塚龍・小野梓・井上寛一・高梨哲四郎・尾崎行雄・益田克徳が、それぞれ党の主義に沿った内容の演説を行った。島田のこの演説も、党の綱領の一つ「王室の尊栄を保ち人民の幸福を全ふする事。」（明治一五年三月一四日に諸新聞に発表された「立憲改進党趣意書」中の「約束二章」の第二章第一項）に基づいて、その意味するところを述べたもので、改進党の勤王の姿勢を代弁したものである（『東京横浜毎日新聞』明治一五年五月九日、一六日号各「雑報」欄、『郵便報知新聞』同年五月一一日号「府下雑報」欄参照。）。

この時の島田の演説が小野その他の弁士に比較して如何に雄弁であったかを、当時東京大学に在学中で、改進党の結成に小野梓の鷗渡会グループのリーダーとして参画した高田早苗は、後年、早稲田大学で行われた島田の追悼会で次のように回想している。「島田先生も改進党の綱領の一つを分担されて演壇に立たれたのであります。其当時私は、喝采役の一人でありました．今の諸君のやうに傍聴席に居て喝采する役でありました。其時先生の分担された綱領は私は今でも記憶して居りますが、『皇室の尊栄を保ち国民の幸福を全うす』と云ふのでありました。小野梓先生が筆を取つて作られた綱領の一つである。之を題目に取つて堂々一時間余の演説をされたのであります。私は此時に初めて其人を知り、其弁を聴いたのでありました。実に感動した。其当時他の名声嘖々たる諸先輩も演説されました。小野梓先生も演説されました。併し其時私は小野梓先生は筆の人だなと思ひました。実は自分の贔屓役者は小野梓其人でありましたが、先生はまだ筆の人だなと感じました。と言つて決して下手だと云ふのではありませぬ、随分雄弁でした。其時の他の弁士は矢野、沼間といふ様な島田先生の先輩であつた。さうして矢野も雄弁家、沼間また然り、小野さんと雖も後には雄弁家の一人となられましたが、当時は場馴れない所があつた。さう云ふ人の中で群を抜いて島田三郎と云ふ人の演説は満場を感動せしめたものである。どうもアノ人の演説は初めて聴いたが偉い人であるといつて此時の聴衆一人残らず喝采も致せば感動もしたと云ふ次第である。是が私の初めて島田三郎先生の顔も見、話を聴いた時であつて、其時の感想は今尚ほ此頭の中に昨日の如く鮮かに残つて居る次第であります。」（「憲政の擁護者憲政の宣伝者としての島田三郎君」〈大正一二年一一月八日〉、『早稲田学報』第三四八号〈大正一三年二月〉、五頁。）。

島田のこの演説は、他に、『東京横浜毎日新聞』明治一五年五月二五日・二六日号をはじめとして、渡辺隆編『名家演説集誌』第二〇号下編（明治一五年六月一六日、法木徳兵衛出版）、作本棟造編『立憲改進党綱領六個条政談演説筆記』（明治一六年一二月、嚶鳴社発行）、小野種徳編『雄弁大家演説各論集』（明治二一年四月、大阪　駸々堂発行）等にも収録されている。

六、中立党トハ何者ゾ　渡辺隆編『名家演説集誌』第三〇号（明治一六年二月二〇日、法木徳兵衛出版）所収。東京浅草の井生村楼で行った演説。いつ行ったかは不明であるが、内容や同号掲載のフェノロサ演説などから推測して明治一五年の演説と思われる。

七、法律果シテ頼ムニ足ル乎　福井淳編『雄弁大家演説集』前編（明治二〇年一一月、大阪　自由館発行、大阪忠雅堂発兌）所収。いつ、どこに於て行った演説か不明であるが、演説中に「昨年七八月ノ交ニ当リ開拓使官有物払下ノ事」云々とあることから、明治一五年の演説である。この演説は他に、福井編同名書（明治二一年一月、東京自由閣発行）にも収録されている。

八、正当ノ目的ハ正当ノ手段ニ依リテ之ヲ遂ケザルベカラズ　渡辺隆編『名家演説集誌』第二八号（明治一五年一一月一日、法木徳兵衛出版）所収。島田が明治一五年秋に岡山・広島方面に漫遊の際、その帰途大阪で演説する予定であったが、延会となったため、編者がその演説草稿を入手して収録したものである。

九、官吏選任法ヲ定メラレンコトヲ望ム　杉山哲理校閲・粟田素一編輯（本文では纂評）『明治卓論新編』（明治一七年三月、楽成舎発行）所収。東京政談演説会に於ける演説。いつ行ったかは不明であるが、本文中に「政府ハ去ル四日（即チ明治十七年一月四日ナリ）太政官第一号ヲ以テ官吏恩給令ヲ達セラレ」とあることから推測して、明治一七年一月中の演説と思われる。本書「凡例」に、「賛成ト不賛成トハ本演説ノ末一字ヲ下ゲテ付シタル評論ニ就テ見ル可シ」とあるように、各収録演説の末尾に粟田による論評が付されており、雄弁家としての島田に高い評価が与えられている。凡例および論評中にも言及されているように、島田のこの演説筆記は抄録である。この演説は、官吏（当時は軍人・裁判官・警察官を除いた文官を指す。官員と呼称されていた。）の登用を規程した「文官試験試補及見習規則」（明治二〇年七月二五日公布、勅令三七号）、「文官任用令」「文官試験規則」（明治二六年一〇月三一日公布、勅令一八三号、勅令一九七号）に先立つものとして注目される。なお、粟田は奥付に「編輯兼出版人岐阜県平民」とある。この演説は他に、福井淳編『雄弁大家演説集』前編（明治二〇年一一月、大阪　自由館発行、大阪　忠雅堂発兌）、同編『雄弁大家演説集』（明治二一年一月、東京　自由閣発行）にも収録されている。

一〇、歴史ノ効用　梅田君造編『明治大家論集』（明治二〇年一一月、京都　法蔵館発行）所収。いつ、どこに於て行った演説か不明であるが、既に明治一八年一〇月発行の島田繁三郎編『東洋学術種本』（秩山堂発行）に収録されていることから、明治一〇年代半ば頃と推測される。史論家でもある島田の歴史観をみる上で、重要なものである。他に、桜井鎌造編『雄弁大家実地演説集』（明治二一年一月、名古屋　東雲堂発兌。明治二一年三月、正文堂発行。同、大阪　武田福蔵発行。同年五月、大阪　赤松市太郎発行）にも収録されている。

一一、平民社会の責任　柳原政登編『現今大家演説論集』（明治二〇年八月、井上勝五郎発行、薫志堂発

行）所収。いつ、どこに於て行った演説か不明。内容から推測して、本書刊行にかなり近い頃、明治一九年～二〇年の時期と思われる。島田による新しい「平民」主義の主張として注目される。他に、柳原編同書（明治二〇年一一月、南都閣発行）、羽成恵造編『文明実地演説討論集』（明治二〇年一一月、上田屋発兌）、同編『雄弁大家学術政談演説討論集』（明治二〇年一二月、上田屋発兌）、桜井鎌造編『雄弁大家実地演説集』（明治二一年一月、名古屋　東雲堂発行）等にも収録されている。

一二、帰朝の辞

『毎日新聞』明治二二年九月八日号所収。島田は、明治二一年三月一四日、横浜を出帆して米欧漫遊の途につき、サンフランシスコ、シカゴ、ニューヨークを経て八月上旬にロンドンに赴き、以後一年近くロンドンを拠点にしてヨーロッパ各地を歴遊し、二二年七月上旬帰国の途について、八月二四日に横浜に帰着した（ロンドン滞在中、「大日本帝国憲法」が発布されたが、その時の回顧は後掲の「演説(2)」の「二、憲法に関する人道問題」「五、政治教育普及の急務」にも言及されている）。この演説は、帰国後間もない同年九月六日夜、東京芝公園内の三縁亭で開かれた「帰国の祝宴」で行われたものである（『毎日新聞』明治二二年九月八日号、「雑報」欄参照）。漫遊中の動向とその見聞記は、この間、随時『毎日新聞』や『女学雑誌』に掲載された島田自身の書翰や通信に窺うことができる。米欧遊歴中所見の演説は、九月二五日東京浅草の鷗遊館で開かれた改進党臨時大会の席でも行っている。なお、この「帰朝の辞」は鈴木久蔵編刊『新政談演説』（明治二二年一一月）にも収録されている。

一三、公娼の害

『女学雑誌』第一九一号（明治二二年一二月一四日）所収（巻末「付録」）。佃与二郎による「廃娼演説会筆記」は、第一席「公娼の害」（島田三郎）、第二席「廃娼の急務」（植木枝盛）の二篇より成るが、ここには島田の演説のみを収録した。この演説は、演説冒頭で言及されているように『女学雑誌』の編集発行人の巌本善治や東京基督教婦人矯風会（明治一九年一二月六日設立）の佐々木豊寿や小島きよの招請で、明治二二年一二月九日に東京木挽町の厚生館で行われた廃娼演説会で行ったものである。この時島田は自由党の論客植木枝盛と並んで演説したが、『女学雑誌』同号の「雑報」欄は、この両者の組合せを「去九日厚生館の演説には、島田三郎君植木枝盛君平素政治上に於て多少の異見あるに拘はらず協同して娼妓全廃の事を熱論ありぬ。凡そ社会上の大問題に着目するものは皆如此くあらまほし。」（二二頁）と報じている（他に、『毎日新聞』明治二二年一二月八日号「雑報」欄参照）。島田が初めて廃娼演説を行ったのは、これより二週間前の一一月二六日、群馬県会が廃娼案を可決したその夜に、上毛青年会の主催により前橋市の愛宕座で行われた廃娼演説会においてであり、演題は「公娼の害を論ず」（本全集第二巻所収）であった。従って、ここに収録した演説は島田の初期の廃娼論として注目されるものである。島田はこの翌年二三年四月に巌本らと東京廃娼会を結威し、以後、新聞・雑誌に一貫して廃娼論を展開し、四四年七月八日に公娼廃止運動の拠点として廓清会を結成しその会長となり、終生運動の先頭に立ち続けた。島田の廃娼論については、後掲の「廃娼の精神及其の順序」、「廃娼之急務序」および本全集第二巻第二篇を参照されたい。なお、この演説は、伊東武彦編『新演説』第一七号（明治二三年一一月〈第一七―一九号合冊〉、大成館発行）にも収録され、又、「廃娼論」と改題されて田中正太郎編『国民演説』第一号（明治二二年一二月二三日、鶴鳴館発行）にも収録されている。

一四、明治人民の責任　田中正太郎編『国民演説』第三号、第四号（明治二三年二月二四日、三月二一日、鶴鳴館発行）所収。明治二三年一月一九日、東京浅草の井生村楼で行った演説。前年二月の大日本帝国憲法発布を承けて、この年二三年は初の総選挙が七月一日に行われ、一一月二五日には第一回の議会が開会された。島田のこの演説は、こうした年の年頭に際して、政治というものが現実化し、より「国民」的な情況となってきたという認識をふまえ、この年は日本歴史上の未曾有の画期の年であると意義づけるとともに、それ故にこそ、広く国民に対し、「明治廿三年の人民は……歴史上に於て其責任を持たねばならん」と説き、立憲国民としての自覚と責任を、平易にしかしながら熱意を込めて要請したものとして注目される。

一五、廃娼の精神及其の順序　『女学雑誌』第二〇九号、第二一〇号（明治二三年四月一九日、四月二六日）所収。明治二三年三月八日（後述の『公娼可滅』では三月五日）、婦人矯風会風俗部の発起で東京木挽町の厚生館で開かれた廃娼演説会に於けるもので、島田は巌本善治（演題「社会と道徳」）と共に演説した（『女学雑誌』第二〇四号〈明治二三年三月一〇日〉、「廃娼記事」欄、二七頁）。三ヵ月前同館で行った「公娼の害」（前掲）の演説に比べ、廃娼の理念およびその方策がデータをもとにして一層説得的に論じられていることが注目される。この演説は、巌本の「公娼廃后の弊害何如」「姦淫論」と共に『公娼可滅』という文庫版小冊子にまとめられて、『女学雑誌』第二〇九号の号外としても刊行された。又、この演説は、若干補訂されて、田中正太郎編刊『国民演説』第五号（明治二三年四月一四日、鶴鳴館発行）にも収録されている。

一六、共力営業　『日本大家論集』第三巻第一〇号（明治二四年一〇月一〇日、博文館発行）所収。この演説は、明治二三年三月に東京数寄屋橋教会で行われた大日本青年会演説会に於けるものである。演説中に、「此ノコオペレションヲ私ハ訳シテ共力営業ト申シマス」「共同《ママ》営業ニ付テハ、一千八百四十《ママ》年ロチデールデ始メテ」とあるように、島田の言う「共力営業」（cooperation）とは、一八四四年にイギリスのロッチデール組合に始まった消費組合を指すものと解される。従って、前年帰国した米欧漫遊における見聞の成果の一つで、消費組合運動の日本への導入として先駆的なものとして極めて注目に値する。しかし、消費組合に類したものは、既に明治十三年五月の『東京絵入新聞』に東京本所横網町共立商社の広告として、米・薪炭・醤油等日常必需品につき八〇〇名による消費組合の如きものが生れていることが見え、又、島田自身らの東京横浜毎日新聞社も、「沼間守一等の主唱にて、二、三年前より鎌倉河岸に設けられし、彼の西洋ロチテイルソサイエチーに倣はれて、同益社の目的は日用品を買込み、社員へ廉価に売るといふ話なるが、損耗云々」(『絵入自由新聞』明治一五年十二月二十七日号)とあり、こうした組織は明治一二、三年頃、日本にも生れていたのであって(石井研堂『明治事物起原』〈戦後版『明治文化全集』別巻〉八八一頁参照)、島田のこの演説は、こうした〝前史〟を承けて、本格的に消費組合を理論的に提示したものとしてよいであろう。その他、遺産税法や貯金銀行の構想なども共力営業同様に「貧富ノ懸隔ヲ制限スル一手段」として唱えられており、島田の所謂初期社会主義とのかかわりの観点からも重要な演説である。なお、これに関して『女学雑誌』は、第二〇六号(明治二三年三月二九日)「批評」欄で、「共力営業」と題して論評している、研究としては、奥谷松治『改訂増補日本生活協同組合史』(昭和四八年六月、民衆社)が、本演説に言及している。

一七、音楽意見　『女学雑誌』第二五三号、第二五四号(明治二四年二月二一、二八日)所収。原題は「島田三郎氏の音楽意見」であるが、表題の如くに改めた。この演説には冒頭に付されているように、明治二四年二月一一日、東京音楽学校で挙行された「紀元節祝賀式」に於けるもので、校長の伊沢修二の招請で行ったものである。同校は明治二〇年一〇月に開設された唯一の官立の音楽専門学校である(東京芸術大学音楽学部の前身)。伊沢は島田の文部省出仕時代の同僚で、この後東京盲唖学校長・高等師範学校長・貴族院議員を歴任した教育行政家。島田は音楽を学術および教育上の観点から意義づけて、「歌曲が人心に大いなる影響を及ぼすと云ふ事は事実に於て明なること」と内外の実例を挙げて論じ、日本において音楽は広く充分に発展していくであろうとの将来の展望が確信されている。島田の音楽観については本巻収録の「改正教育令の発布　小学校の唱歌に就て」（『回顧・伝記』四）を参照されたい。なお、この演説は「東京音楽学校ニ於テ」と題され、内容も簡潔な「要領」の形で、『日本大家論集』第三巻第三号（明治二四年三月一〇日、博文館発行）にも収録されている。

一八、過去の事蹟未来の希望　辻岡文助編『時事問題名士演説』第二集（明治二六年四月三〇日、金松堂発行）所収。この演説は、いつどこで行ったものか不明であるが、第四回通常議会（明治二五年一一月二九日開会、二六年二月二八日閉会）が終って間もない頃と思われる。内容は、第一回通常議会から第四回通常議会に亘る論評で、演題は「議会の上に現はれたる過去の事蹟」、「未来の希望は……次の議会になすべき事柄」の意味である。論評の中心は第四議会の政府の施政に対する批判に充てられている。島田は第四議会開会の直前の二五年一一月二一日、東京木挽町の厚生館で行われた政談大演説会で「民党政治の方針」と題して演説し、自由党の政府接近の姿勢を攻撃し（『朝野新聞』明治二五年一一月二五日号）、自由党も、議会開会中の二六年一月八日に神田の錦輝館で政談演説会を開いて、星亨が改進党を酷評する（同紙、二六年一月一〇日号）など、第四議会は民党の自由・改進両党の対立激化の中で、海軍拡充費を骨子とする二六年度予算案をめぐり、政府と民党とが激突する形で推移した。民党連合は軍艦建造費その他に大削減を加え、更に伊藤内閣弾劾上奏案を可決するに至ったため、窮地に陥った伊藤首相は大詔渙発を奏請して、二六年二月一〇日「在廷ノ臣僚及帝国議会ノ各員ニ告グ」の詔書（和衷共同の詔勅）が渙発されて、議会と政府との妥協がなって予算案は可決成立の運びとなった。この政府による窮地打開の大詔渙発奏請は以後の憲政史上に悪慣例を残すことになったが、こうした政局の内情を伝えたこの島田の演説は、やがて開かれる第五回通常議会（二六年一一月二八日開会）を控えて、自己の属する改進党の姿勢と立場を代弁したものとして重要である。

ここには、明治末期から大正期の演説を六編収録した。その大半は憲政に関するもので、この内演説の記録がそのまま単行書にされたものが三編ありかなりの長編である。この頃になると、島田の演説は年と共に益々円熟してきたといわれる。自由民権期以来の政治家が新しい大正デモクラシーの思想潮流にいかなる役割を果たしたかが、演説の中に投影されている。

一、政界革新輪　正確には、笠井作三編刊『島田三郎君演説　政界革新論』（明治四〇年七月一八日発行、発売元博文館）。菊版、本文八四頁。他に、全く同日に東京毎日新聞社から発行された異版もある（島田旧蔵、早稲田大学大学史編集所所蔵）。これは、内容は全く同一であるが、編者の〔跋文〕が巻頭に記されている。本書は、島田が政界革新同志会の活動の一環として明治四〇年四月下旬に名古屋で演説した「政界革新論」の筆記と同志石川安次郎（半山）執筆の同会の沿革「政界革新同志会」より成る。その結成は、半山が「近年帝国議会の腐敗堕落は、在野の志士をして憤起せざるを得ざらしめ、此の公憤は凝つて一団を成した。政界革新同志会即ち是れである。」と記しているように、島田を発起人総代として第二三回通常議会（明治三九年一二月二八日開会、四〇年三月二七日閉会）の開会中の明治四〇年三月五日に発会式を行った。島田の主張の根幹はこの議会における予算問題にあり、具体的には、砂糖戻税廃止の可否、マッチ・軸木専売の可否、現物売買取引所設置の可否、輸入白米増税の可否、北海道留萌港築港問題等を挙げて、政友会、憲政本党、大同派の態度を批判している。更に、日露戦後経営は軍拡よりも産業興隆が第一であると説く。そして、公益公心よりも私益私心の増大を念とする議会の腐敗と議員の堕落の風潮を招いたのは、帰するところは選挙人たる国民であるから、憲政の運用を全からしめるためには国民自らの反省が必要であると強く戒めている。政界革新同志会は島田が中心であり、その沿革も必ずしも充分には知られていないこともあり、又、本書が稀覯本でもあることなどの理由から、ここには半山の「政界革新同志会」を含め、目次を除く本書全文を収録した。なお、文中、「第十五」で言及の「欧州民権史緒論」とは、英国トーマス・アースキン・メーの著書Democracy in Europe, 1877の「緒論」を指し、同書は、川田徳二郎訳『欧州民力史論』二巻（緒論之部、第二巻仏蘭西部第一篇。明治一五年、塩島一介出版）として訳刊されている。島田は折にふれて、この書に言及している。

二、憲法に関する人道問題　早稲田大学編輯部編『憲法紀念早稲田講演』（明治四二年三月、早稲田大学出版部発行）所収。これは、明治四二年二月一一日に早稲田大学が構内で開催した憲法発布二〇周年紀念講演会において行った講演筆記である。この日講演に先立ち来賓・卒業生・学生約八〇〇〇名の中で、紀念式典が行われ、早大の高田早苗学長の式辞、大隈重信総長の訓示の後、板垣退助・桂太郎首相・西園寺公望・貴衆両院議長の祝辞（いづれも代読）があり、この後、八会場に分れて竹越三叉・花井卓蔵・谷干城・三宅雪嶺・田中正造・島田ら二六名が講演した（『早稲田学報』第一六九号〈明治四二年三月〉、三―六頁）、いづれも興味深いエピソードや貴重な証言で、発布後二〇年における憲法観が反映されたものとなっており、講演者全ての講演筆記が本書に収録されている。「大日本帝国憲法」発布の二〇周年記念の行事は、早大が真先に企画準備し、大々的に行ったもので、早大から演説の打診を受けた衆議院が漸くこれに気付き、遂に政府と両院で祝賀会が行われることになったといわれ、両院の準備着手の頃に早大では既に七、八分の用意が整っていたという（市島謙吉の日記「双魚堂漫録」第一巻、明治四二年二月一五日条）。島田のこの講演は、現実の議会を、「公議の精神を失ひ生命を失ひたる多数の専制政体であつて決して真成の代議政体ではない……畢竟無精神の形式的代議政体である。私は斥けて之を増税機関なりと云ふ」と辛辣に位置づけているのが注目され、日露戦後の「戦後経営」の中で立憲政体の理念が形骸化しているのに警鐘を鳴らし、軍備拡張の増税路線に喘ぐ人々の意見を代弁しようとしたと言ってよいであろう。

三、対外国産の基礎

本文中には「織物税反対の根本理由」との副題がある。表紙には「伯爵大隈重信君序文　衆議院議員島田三郎君演説／日本織物公報社発行」と明記されているが、奥付に記されているように日本織物公報社の浜中東郎によって編輯、発行された四六版、全五三頁の小冊子である。明治四二年一一月一五日発行（同年一二月五日第五版発行）。構成は、東京信用交換所の広告文、大隈の「序」、「本文の要旨」、本文（島田の演説筆記）、附録（明治四一年まで三年間の平均輸出品価額表）から成る。本書も稀覯本であり、付録の品目価額は本文で言及されているためこれを除き、その他全文を収録することにした。

第二七回通常議会（明治四一年一二月二五日開会、四二年三月二四日閉会）の開会直前の明治四一年一二月二一日、島田は河野広中、小川平吉らと「人格高明の国士」「不義の貨幣に手をふるべからざること」などを誓約して、反政友会の政党又新会を結成した。彼らは、野党の憲政本党と共に桂内閣批判の急先鋒となってこの議会に臨み、戊申倶楽部と歩調を合わせて塩専売・織物・通行の各税廃止法案を提出したが、四二年三月九日、議会に多数を占める政友会のために否決された。しかし、議会の開会中から織物消費税全廃大会を開くなどして反対運動を展開していた全国織物業者はその運動を益々高め、七月には政府が府県知事に対して織物同業組合の織物税廃止運動に厳重戒告せよとの通牒を発するまでに至った。そうした中の八月六日に、島田が東京日本橋倶楽部で開催された織物業組合有志会に招かれて行った演説の筆記が本書である。明治四二年という年は、生糸の輸出量が初めて中国の生糸輸出量を凌駕して世界第一となり、又、綿布の輸出額が初めて輸入額を超えた年であった。まさに、繊維産業が「国産の基礎」として不動の地位を占めた画期的な年であった。この演説には、こうした状況を背景に、海外競争に堪え得る産物の育成に努め、日本の産業の基礎を強固にしようとする島田の積極的産業政策の姿勢が現われている。

四、選挙権拡張論　前田多蔵編『早稲田叢誌』第二輯（大正八年一二月、早稲田大学発行）所収。実際の編輯者は内ケ崎作三郎。これは、大正八年一月一五日に早稲田大学講堂で行った「科外講義」の速記録である。早稲田大学では、その前身東京専門学校の創立（明治一五年一〇月）の時から、正規の学科課程の授業とは別に、諸名士に講演を要請して一般の学生に聴聞させる「科外講義」を伝統的に行っていた。島田のこの講演もその一環で、普選尚早論を排して、人間本位の普選実現の必要が平易に説かれている。この一月中は水曜日が「科外講義」に当てられており、一月二九日には安部磯雄も「我国の共済組合に就いて」を講演している（『早稲田学報』第二八八号〈大正八年二月〉、一二頁）。島田は東京専門学校創立時の議員（ほぼ現在の理事に該当）であり、学内には島田を私淑する学生によって「沼南会」が結成されており、その死去に際しては、その主催により大正一二年一月八日、学内の早稲田第一高等学院において聴衆三〇〇〇人を集めて大々的に「故島田三郎氏追悼演説会」が行われた（『早稲田学報』第三四八号〈大正一三年二月〉、一九―二〇頁）。

五、政治教育普及の急務　前田多蔵編『早稲田叢誌』第二輯（大正八年一二月、早稲田大学発行）所収。実際の編輯者は内ケ崎作三郎。これは大正八年二月九日に早稲田大学が構内で開催した憲法発布三〇年祝賀紀念講演会において行った講演筆記である。早大では、憲法発布二〇周年の時（明治四二年二月一一日）、紀念講演会を行っており、島田も前掲の「憲法に関する人道問題」を講演していたが、一〇年後再び大々的な祝賀紀念講演会が行われた。この時の講演者は田中穂積・浮田和民・内相床次竹次郎・島田三郎・金子堅太郎・金子馬治・大隈重信の七名で、大隈の「憲法制定に就いて」（『早稲田学報』第二八九号〈大正八年三月〉所収）以外の講演筆記は全て本誌に収録されている。この島田の講演は、二〇周年の際の講演と同様に、発布「記念」のものであって「祝賀」のためではないところに、島田の姿勢が明確に表わされている。島田の訴えは、立憲政治の理想的運営はこれを支える国民の政治的自覚如何に基づくものであり、その実現のために不断の政治教育が行われなければならず、まさに急務である、というもので、政治と教育の観点から、東大の吉野作造らの民本主義理論の新しい政治学の登場を歓迎していることに注目される。憲法発布三〇年を迎え、立憲政治は全く形骸化しているとの島田の現状認識は殊の外強くなり、「人心の改造」と「制度の改造」を基調とする大正デモクラシーの動きに対して、大きな期待を寄せていることが看取される。

六、政治学教養 真実に回れ　大正一〇年一〇月三〇日、郁文舎発行の島田の演説筆記書で、発行者は沼崎八右衛門。四六版、六九頁。沼崎と推測される編者が、島田の「高徳を敬慕」し、彼を「真の政治家として尊敬」し（緒論）、その演説内容に共鳴して本書刊行を企てたものとみられる。ここには目次を除き全文を収録した。この演説が行われた年月日や主催者および場所は不明であるが、内容から判断して大正一〇年五月から一〇月の間に行われたものらしい。内容は、第四三回特別議会（大正九年七月一日開会、七月二八日閉会）の大正九年七月二三日に島田自身が行った高橋是清蔵相・山本達雄農商相・中橋徳五郎文相の瀆職嫌疑に関する追及と、これに伴う自身に対する引責決議問題と、この年一一月に起った東京市の土木工事に関する疑獄事件、そして第四四回通常議会（大正九年一二月二七日開会、一〇年三月二六日閉会）の大正一〇年一月三一日から衆議院予算委員会で問題となった南満州鉄道の塔連炭坑・汽船の不当買収をめぐる満鉄問題など、相次ぐ政界の腐敗事件とこれを生む世の風潮を糾弾したものである。文中の、「政治家は正直でなければ駄目である」との語は、島田ならではの発言であろう。

序文

序文一二編を収めた。序文は恐らくこの二、三倍程度あっても不思議ではないほど、島田は明治・大正期の思想界の巨人であった。しかし、ここに収録したものだけでも、島田の多方面に亘る関心が表わされており、著者とその書の内容に対する共感およびその書の社会への伝播に尽力しようとする強い姿勢が示されている。ここには単なる飾り物の箔づけとしての序文ではなく、極めて凝縮された思想表現としての序文があるのであって、島田の思想研究にとって看過できないものがある。以下、著者と島田との関係、その書の内容について簡単に言及しておきたい。

一、経済策ノ巻首ニ書ス　田口卯吉の『経済策』（明治一五年五月、田口卯吉発行、経済雑誌社発兌）に寄せた序文。田口卯吉（安政二〈一八五五〉年―明治三八〈一九〇五〉年）は明治期著名な経済学者、文明史家。号、鼎軒。島田と田口は共に旧幕臣で、沼津兵学校（島田は第四期〈明治二年九月入学〉、田口は第六期〈明治三年九月入学〉）。沼津兵学校については、大野虎雄『沼津兵学校と其人材』（昭和一四年五月、大野虎雄発行）、大久保利謙編『西周全集』第二巻「解説」（昭和三六年一〇月、宗高書房発行）、沼津市明治史料館編刊『沼津兵学校』（昭和六一年八月）参照）、大蔵省翻訳局の英学校、尺振八の共立学舎に共に学び、旧幕臣の沼間守一が法律講習会（嚶鳴社の前身）を結成するに及んで、又共にこれに参加するというように、青年時代まで終始行動を共にした同志であり、生涯親交した。『経済策』は明治一一年一月発行の『自由交易日本経済論』（東京経済雑誌社）、一三年四月発行の『続経済策』（同社）と共に田口の自由主義経済学の三部作中の一つである。田口には、『鼎軒田口卯吉全集』全八巻（昭和二年七月―四年七月、同刊行会発行）があり、特に

『経済策』に関しては第三巻に付された河上肇「解説」が参考となる。

二、再刊国憲汎論序　小野梓の『国憲汎論』訂正増補第五版（訂正増補者、高田早苗・市島謙吉。明治二五年五月、博文堂発行）に寄せた序文。小野梓（嘉永五〈一八五二〉年—明治一九〈一八八六〉年）は明治前半期の政治家・法学者で東京専門学校（早稲田大学の前身）創設の功労者。号、東洋。島田と小野は、両人が在官中の明治一〇年頃に知り合い、やがて、小野が馬場辰猪らと結成した共存同衆（明治七年九月創立）に島田が一二年頃に入衆してきて親交が深まり、以後共に、大隈重信の下で明治一五年、立憲改進党の結成に参画し、東京専門学校の設立に尽力してその経営に当たるなど、改進党の幹部・理論家として親密な同志であった。『国憲汎論』（上巻〈明治一五年一二月、丸屋善七発行〉、中巻〈一六年四月、同〉、下巻〈一八年九月、東洋館書店発行〉、以上初版）は小野の代表著作で、自由民権期において最も大系的に憲法構想を提示した書で、改進党の国家論を代表するものである。本書第五版が議会開設直後に改めて刊行されたところに島田・高田ら改進党政治家の思惑があるといってよいであろう。小野には、早稲田大学大学史編集所編『小野梓全集』全五巻・付別冊（昭和五三年六月—五七年三月、早稲田大学発行）があり、その研究には同編『小野梓の研究』（昭和六一年一〇月、早稲田大学発行）があり、小野に関する資料は、同編集所が「小野梓文庫」として所蔵している。

三、序　片淵琢の『哥索克《コサック》東方侵略史』（明治二六年七月、斎藤次郎発行）に寄せた序文。再版（明治二八年四月、陸軍受験講義録編輯所発行）、第三版（明治三〇年一二月、博文堂発行）の書名は『コサック東方侵略史』。片淵琢（安政六〈一八五九〉年—明治四〇〈一九〇七〉年）は明治期のアジア主義者で、号、錦浦。東京麹町に自活研学会を設立して苦学生を援助し、労働者信用組合や露語学校を最も早く設立した。後、伊藤博文韓国統監の下で朝鮮問題に従事したが、京城の大韓病院で客死した（黒竜会編・葛生能久『東亜先覚志士記伝』下巻〈昭和一一年一〇月、黒竜会出版部発行〉、二三〇頁）。本書は、「一千八百八十五年露都モスクワに於て発行し同国文部省の図書館に蔵したるアムール及びウスリー地方と題する書に就き訳述修補したるもの」で、一六世紀末から一八八五年までの「露国が西比利亜全土を横行侵略したる事蹟」（「凡例」）を内容としたものである。本書の訳刊の企図は、日清戦争前夜に早くも対露警戒の念を国民に喚起しようとするもので、民間における対露行動の動きとして注目される。なお、白活研究学会編「浦塩斯徳」が付録として収録され、『官報』や地誌・統計表に基づくウラジオストックの現況が記されている。島田と片淵の関係は不詳である。

四、東洋治安策の巻首に書す

島田三郎・鳥谷部銑太郎合著『東洋治安策』（明治二八年一月、毎日新聞舎発行）に寄せた序文。本書は島田と鳥谷部との合著として刊行されているが、実際は鳥谷部一人の著作である。鳥谷部（慶応元〈一八六五〉年—明治四一〈一九〇八〉年）は、明治期のジャーナリスト・評論家で第一級の人物評論家。号、春汀。島田と鳥谷部との間柄は、東京専門学校（早稲田大学の前身）を明治二四年に卒業して郷里（青森県）に帰って政治運動に従っていた鳥谷部を、遊説中の島田がその文才を認めて二五年に自己の『毎日新聞』の記者に招聘し、更に島田の紹介により二八年三月に鳥谷部は近衛篤麿主宰の『精神』（同年一二月『明治評論』と改題）に移り、以後人物評論家としての地歩を築き始めるというように、島田が鳥谷部を発掘したという関係である。本書は、鳥谷部が『毎日新聞』記者時代に、春汀子の署名で「支那問題」と題して、同紙明治二七年一一月一八日号から一二月一五日号までの間に、断続して一四回連載したものを改題して単行本化したものである。このように日清戦争最中に記され刊行された本書の「結論」には、「征清の目的は北京朝廷を倒滅するに在らずと雖も、北京朝廷は早晩滅亡の運命に逢ふ可し、北京朝廷滅亡せば、支那帝国は内乱と外難とに依て幾多の変遷動揺ある可きが故に、我れは予め形勝の要地を割取して他日の変に備ふ可し。四億の民族は世界の一大衆なるが故に之れを開導して文明の域に進ましむるは日本の天職なり、我最終の目的は即ち爰に在り。」とあり、『毎日新聞』および島田の中国観を知る上においても、本書は看過し得ぬものである。島谷部には『春汀全集』全三巻（明治四二年六月—八月、博文館発行）があり、研究として、鳥谷部陽之助『春汀、狄嶺をめぐる人々』（昭和四四年一月、津軽書房刊）、木村毅編『明治人物論集』（明治文学全集、第九二巻）（昭和四五年五月、筑摩書房発行）がある。

五、序 横山源之助の『日本之下層社会』（明治三二年四月、教文館発行）に寄せた序文。横山（明治四〈一八七一〉年—大正四〈一九一五〉年）は、明治期の秀れた社会問題ジャーナリストで、労働問題の開拓者。号、天涯茫々生。横山は、明治二〇年代初めに英吉利法律学校（中央大学の前身）に学んだ後、二七年に島田に見込まれて、その『毎日新聞』の記者となり、「戦争と地方労役者」執筆を手はじめにして約五年間在社した。このように島田とは社長と記者の間柄で、横山は、この記者時代に島田と佐久間貞一の助力を得て、都市下層社会の生活実態・機業地帯の労働事情・郷里富山県の小作人状態などを視察調査し、折にふれてルポルタージュを発表し、やがて二九年から三一年にかけて調査したものをまとめて公刊したのが本書である。内容は、東京の貧民状態・職人社会、桐生・足利・阪神地方の手工業の現状、機械工場の労働者、小作人生活事情など底辺各層にわたっており、中村不折の挿画が数葉付されている。労働者階級の側に立った横山の筆致は、本書を労働事情調査の古典的先駆書たらしめ、社会文献の名著に仕上げている。なお、巻末に付録として「日本の社会運動」を付している。横山には、『横山源之助全集』全四巻・補巻一（昭和四七年一一月、明治文献発行）があり、研究に西田長寿「横山源之助著『日本之下層社会』の成立—その書史的考証—」（『歴史学研究』第一六一号（昭和二八年一月））、横山源之助顕彰会編・立花雄一『或る一つの星の導くもの—横山源之助の業績と生涯—』（昭和四〇年三月、魚津市社会福祉事務所発行）等がある。

六、序　木下尚江の『足尾鉱毒問題』（明治三三年六月、片切勝彦発行）に寄せた序文。木下（明治二〈一八六九〉年—昭和一二〈一九三七〉年）は、主に明治後半期に活躍した言論人でキリスト教社会主義者。石川安次郎（半山）の紹介で島田を訪問し、その姿勢に共鳴して明治三二年二月に『毎日新聞』記者となり、三九年六月頃まで在社。この間、島田の原稿に常に手を加え得るほど信頼され、同紙に島田と共に足尾鉱毒問題・廃娼問題・東京市会公盗問題等の論陣を張り、島田の没後旧版『島田三郎全集』の刊行に尽力した（島田と木下の関係については、当新版全集第五巻の阿部恒久氏の「解題」参照）。本書は、島田社長の命を受けた木下が、明治三三年二月一五日から二二日まで鉱毒地の実地調査を行い、これを『毎日新聞』二月二六日号から三月一七日号までに「足尾鉱毒問題」と題して一七回連載したものを全面的に改訂増補して一冊にまとめたもので、木下の初めての単行著作である。木下がいかに足尾鉱毒問題に深くかかわったかは、谷中村の最期に立会い（明治四〇年六月—七月）、『田中正造之生涯』（昭和三年八月、国民図書発行）の編輯などに尽力したことにも窺えよう。木下には、『木下尚江著作集』全一五巻（昭和四三年四月—四八年一二月、明治文献発行）があり、本書は第一巻に収録されている。島田の序が引用文を含むとは言うものの異例の長さになっているのも、この問題の解決のために終始行動しつづけていたからである。そして、島田も又、明治四〇年六月に、谷中村強制破壊の現場を同じく被害民に同情を寄せ田中正造らを支援していた三宅雪嶺・花圃夫妻と共に視察していたのである。

七、廃娼之急務序　島田三郎・木下尚江合著『廃娼之急務』（明治三三年一〇月、博文館発兌）に寄せた序文。本書は島田と木下との合著として刊行されているが、実際は木下一人の著作で、序のみ島田執筆である（山極圭司『木下尚江』〈昭和三〇年一二月、理論社発行〉、同編『木下尚江集』〈明治文学全集、第四五巻、昭和四〇年八月、筑摩書房発行〉参照)。前年『毎日新聞』に入社した木下は、三三年一月二一日、大宮で島田・安部磯雄と共に廃娼演説を行い、以後、同紙に次々と廃娼の論説を発表し、一〇月には関西で大妓楼の楼主からピストルをつきつけられる中で廃娼演説を行うなど、廃娼運動の闘士として活躍した。本書は、こうした中の八月中旬から九月にかけて草されたもので、「明治の文明と公娼問題」「日本の国法と公娼制度」「存娼論は無根の空言なり」「存娼論の根本的崩潰」「政府の迷誤」上・下、「廃娼と貞潔」、付録「公娼問題愈々政治壇頭に上ぼれり」から成っている。前述の如く(「公娼の害」参照)、明治二二年一一月二六日に初めて廃娼演説を行って以来、島田の廃娼運動は一貫して続けられ、この序も単なる序文ではなく実践運動に裏うちされた内容となっており、本書は、この年の廃娼運動の大きな高まりを促進するものとなった。

八、序　柳瀬勁介著・権藤震二補の『社会外の社会穢多非人』(明治三四年二月、大学館発兌)に寄せた序文。柳瀬(明治元〈一八六八〉—二九〈一八九六〉年)は、明治二〇年代に被差別部落救済策を講じ、志半ばで没した者で、号、勁堂。柳瀬は一七年に郷里(筑前)で小学校教員をしていた時の体験と、二〇年から東京法学院(中央大学の前身)・日本法律学校(日本大学の前身)で法律を学び古代法制史を研究中に被差別部落の史的究明の必要を感じたことにより、二三年頃から史料を蒐集し、二六年頃より本書の執筆に専念した。二九年に稿が成ったが、この年一〇月一八日、台湾総督府に出仕中病没したため、生前には未刊となった。権藤(明治四〈一八七一〉年—大正九〈一九二〇〉年)は、号を高良山人・雷軒といい、柳瀬の同郷の友人である。専修学校(専修大学の前身)に学んだ後、島田の『毎日新聞』に入社し、日清戦争の従軍記者となり、講和後も台湾経営策を論じ一時台湾総督府官吏となった。この時、病気の柳瀬から本書刊行のことを遺言された。帰国して『毎日新聞』に復帰し、三四年『二六新報』に転じ、更に日本電報通信社を創設して取締役となった（稲村徹元他編『大正過去帳』、一九九頁参照）。本書を補訂して、島田らに序文を依頼して刊行したのは『毎日新聞』への復帰の頃である。権藤は、後年「シーメンス事件」で累を受けている。本書の原題は「新平民の過去及将来」で、被差別部落を歴史的に考察し、その現状を述べたもので、その救済策として移民・移住が問題解決の最善策であると論じ、差別からの解放を日清戦争の結果新領土となった台湾への移民という形で、日本の対外侵略と連動させて構想しているところに特徴がある。こうした見解は、既に杉浦重剛の『樊噲《はんかい》夢物語』（明治一九年一〇月、沢屋発行）にも現われており、柳瀬は在京中杉浦の門にも出入りしていたといわれ、その系譜に連なる作品といえるであろう。本書の存在を知り刊行に尽力した島田には、被差別部落解放のまとまった論考は見出せないが、この序文に見られるように「救済」の念を強くもっていたことが知られ、今後の研究課題となろう。本書は、柳瀬の遺子柳瀬道雄の解題で『明治文化全集』第二一巻〈社会篇、昭和四年二月、日本評論社発行〉（戦後版では、第六巻〈社会篇、昭和三〇年一〇月〉、但し、「解題」は全面改稿）に収録されており、又、『部落問題資料文献叢書』第七巻〈部落問題論叢(1)〉（昭和四五年五月、世界文庫発行）として復刻されている。なお、柳瀬に関しては、権藤震二「柳瀬勁堂」（研学会編『千紫万紅』、明治三四年〈未見〉。但し、明治三〇年二月、陸軍受験講義録編輯所発行版には非掲載）があるという。

九、序　石川安次郎の『沼間守一』（明治三四年七月、毎日新聞社発行）に寄せた序文。石川（明治五〈一八七二〉年—大正一四〈一九二五〉年）は、明治後期〜大正期のジャーナリストで、号、半山。慶応義塾卒業後、『庚寅新誌』『東京経済雑誌』記者を経て明治二七年『信府日報』主筆となり木下尚江と知り合う。三一年六月、島田に招かれて『毎日新聞』主筆となり、島田に木下を紹介して木下の『毎日新聞』入りに尽力した。後、『万朝報』主筆、衆議院議員となったが、島田にとっては木下と共に親密な同志であった。

本書は、本文「逸話雑纂」中や島田の序文にも言及されているように『毎日新聞』発展の功労者沼間守一の没後一〇周年追悼会で、沼間の伝記編纂が発起され、その結果刊行されたものである。沼間（天保一四〈一八四三〉年―明治二三〈一八九〇〉年）は、旧幕臣で、明治七年から『横浜毎日新聞』編輯主任であった島田が八年に元老院法律調査局に出仕した時の上司である。以後、島田は沼間の嚶鳴社に発起人の一人として参加し、「明治一四年政変」で下野した直後に、沼間の経営となっていた『東京横浜毎日新聞』に復帰し、沼間と共に立憲改進党の結成に参画し、一八年の解党問題に際しても存続派として共に留まるなど、終始政治的社会的行動を共にした、正に「君の拓く所予之を耕すの関係」にあった緊密な同志であった。島田のこの序文には、議会開設を目前にして逝った沼間を改めて惜別する感懐の情が溢れている。本書は、今なお沼間研究の第一の基本的文献として史料的価値を失っていない。

一〇、序　小野田亮正の『現代名士の演説振』（明治四一年八月、博文館発行）に寄せた序文。小野田は明治期の速記者で、号、翠雨。生没年不詳。島田と小野田との関係も不明。本書は『読売新聞』に連載したものを増補訂正して一冊にしたものである。島田を巻頭にして（本解題冒頭参照）、伊藤博文・尾崎行雄・三宅雪嶺・田中正造・竹越与三郎・高田早苗・徳富蘇峰・木下尚江・安部磯雄・山路愛山ら六四名の演説振りを速記者の立場から人物月胆したもので、各自の伝記にも記されていないエピソードがふんだんに取り入れられている大変面白い読物である。例えば、「訥弁の雄弁家」としての三宅の篤実真摯な演説振りが多くの人々に多大の感動を与えた実例、「政府の奴等が〳〵と云ふ口調で、質問演説は変じて詰問演説となる」田中の熱弁振り、常に「角袖の先生が閻魔《えんま》帳を持て、後の方にひかへて御座る」中で「慷慨、熱烈、比喩、諧謔等の諸要素を、遺憾なく調和された」木下の野武士然とした演説振りなどが活写されている。

一一、横浜開港五十年史序　肥塚龍の『横浜開港五十年史』上・下巻（明治四二年五月、横浜商業会議所発行）に寄せた序文。肥塚（嘉永元〈一八四八〉年―大正九〈一九二〇〉年）は改進党系政治家で、第三回（明治二七年三月）から第一二回総選挙（大正四年三月）まで断続して衆議院議員に当選し、この間東京府知事にもなっている。島田と肥塚との関係は、明治八年に島田が元老院に出仕して『横浜毎日新聞』編輯主任を辞めた時、島田の養父で同紙の実権者であった島田豊寛の推挙でその後任となったのが肥塚である。肥塚は一時病気等のため退任したが、沼間守一が一二年に同紙を買収して『東京横浜毎日新聞』として東京に移した際、再び同紙に復した。「明治一四年政変」後に復してきた島田と共に明治三〇年頃まで同紙の経営発展に努め、同僚であり同志であるという間柄であった。第一回総選挙（明治二三年七月）以来神奈川県第一区（横浜）選出代議士である島田にとって、横浜の発展は自らの政界での活躍と表裏する関係にあり、本書に寄せる思いは殊の外強いものがある。肥塚に関しては、肥塚麒一編刊『肥塚龍自叙伝』（大正一一年）、松尾章一「肥塚龍小論」（『自由民権思想の研究』、昭和四〇年一一、柏書房発行）等がある。

一二、序文　信田孝善編の『議会普選大論戦』（大正一一年四月、偉文社発行）に寄せた序文。信田および信田と島田との関係は不詳。島田は第八回総選挙（明治三六年三月）で苦戦した体験を契機にして、従来主張してきた制限選挙論の非を覚り、『毎日新聞』三八年三月一四日号の社説「選挙権と兵役」で明確に普選論に転回し、以後普選実現に努めてきた。本書は、第四五回通常議会（大正一〇年一二月二六日開会、一一年三月二五日閉会）における普選論争をまとめたもので、島田自身の一一年二月二六日の演説も「院外の空気は一変せり」の題（目次。本文では「賛成」の表題）で収録されている。この演説は帝国議会における島田の最後の演説で、本全集第一巻に収録されている「衆議院議員選挙法中改正法案（第四十五回帝国議会、大正一一年〔二月〕二六日）」がこれである。この議会では、憲政・国民・無所属団の野党が統一普選案を上程し、議会でその攻防が繰り広げられると、各地の市民団体や労働組合、農民組合等がこれに呼応して普選運動が高まった。本書ほ、こうした気運の中で刊行されたものである。

（一九八九年五月発表）

第二節

解題『大隈伯昔日譚』

本書は、大隈が八太郎時代に遭遇した維新前後の物語を一言一句其儘に速記し、順次『郵便報知新聞』に連載したものを、立憲改進党々報局が一巻に纏めて明治二八年六月に発刊したものである。その連載「大隈伯昔日譚」は明治二六年四月一日より翌二七年十月十三日号まで十九ヵ月全二九六回にわたり、この間、その筆録者も三変した。時あたかも日清戦争の前夜およびその最中にあたり、この連載はそうした上昇期の時代背景と維新回顧の時代風潮の中で極めて広く読まれた。

「朝政一新」以米四半世紀のこの時、大隈は満五五才。彼は早稲田の私邸に口授筆録者を引いて、自己の「昔日譚」を筆録せしめたのである、連載第一回目に編者は序の形で、

我国維新草創の際、一介の書生を以て復古の皇基を翼賛せし奇傑の士少しとせず、然れとも其の能く今日に生存し、其の経歴、其の功業、以て社会の儀範となる可き人物を挙くれは、先つ指を大隈伯爵に屈せさるを得す、然れとも其の言行伝記世人の知り得るもの頗る稀なり、天下久しく之を憾とす、今や親しく伯爵に就て、其の昔時草莽にありて、国事に奔走せしより、廟堂に立ちて、大政を調理せし間の事蹟を叩き、以て読者諸君に示すの栄を得たり、其の有益にして痛快なる変化極りなき幾多の

珍談奇聞は、次を逐ふて之を録せん、是れ単に大隈伯爵の事蹟のみならす、亦一種の明治史料として観る可きものなり

と記し、冒頭を「人生は功過相ひ半するものなり」の項のもとに新聞に載せ始めた。

春風三月某日大隈伯爵を早稲田の邸に訪ひ、請ふに其経歴する昔日譚を以てす、伯爵欣然として応諾し、得意の雄弁を揮て快談せらる、其略に曰く凡人生の歴史は、功過相半するものなり、而して動もすれは功過相償ふ能はす、唯た過失失敗のみを残すものあり、余が如きも過去三四十年……

その内容は幕末維新の前後二十年間余の事蹟を記したのである。しかし、少年時代の佐賀藩の藩情から明治六年の征韓論をめぐっての廟堂の破裂までのこの記録自体が、ほかでもなく、その幕末維新期に外交の事と財政の事を鞅掌し参議の上席として岩倉一行渡欧中の留守内閣を預った大隈自身の実歴談であるが故に極めて貴重な政府中枢部の時代の証言を提供してくれるのである。

大隈は字を書かなかったことで有名である。全ての論考や感想はことごとく口授筆録である。その広汎な知識と独特の語り口調は当然のことながら「大隈伯昔日譚」筆録者を悩ませた。しかし、三人の筆録者は共にその任によく堪え、大隈の人となりを損することなく正確にしかも名文を以て伝えることに成功している。本書の「自序」は言う。「英雄の言行は健筆を以て之を記さざる可からず、俊傑の経歴は名文を以て之を録せざる可からず。」と。本書編著のこの主旨が最後まで一貫して通されていることは何人も一読して看取するところであろう。

しかし、一巻に纏められた本書は連載時の文章と一字一句も違わないというわけではない。連載時は間接話法で「伯曰く、云々」であったが、本書では直接話法で「余は、云々」となり、また、改竄添削がかなり加えられるに至った。しかし、これは大体において自叙伝として一巻に纏める際の最小限度の体裁上

の変化であるから何ら問題はないとしてよいであろう。そして、最終的には久米邦武の批閲を経て刊行されたのである。

三人の筆録者とは共に大隈旗下の逸材であった斎藤新一郎、矢部新作、円城寺清である。初め当時の『郵便報知新聞』主筆村井弦斎はその筆録者として矢部新作を挙げた。しかし、矢部は遇ま病床に在り、このため冒頭の「少壮時代の経歴及佐賀藩の事情（上）（下）」（第一回〜第一〇回）は急遽斎藤新一郎が担当した。病癒えた矢部は「幕府列藩の形勢及維新改革の原動力」より「外交の初陣」まで（第一一回〜第一〇八回）を筆録したが、不幸にも肺患のため明治二六年十月一日連載途中にして不帰の客となった。矢部新作は五州と号し、野州阿蘇郡佐野の人。弱冠にして才名を顕わし、上京して立憲改進党の母体の一つである嚶鳴社に入ったが、後数年間米国に遊学した。新知識を携えて帰国し、二三の新聞社に入ったが、ついに『郵便報知新聞』の社友となり、これから大いに為すことあらんとしたその矢先に僅か三十才にして逝ったのである。かくして、三人目の筆録者となり、完結の後一巻に名文を以て纏め上げたのが円城寺清である。円城寺は「宗教問題」より最後の「征韓論」まで（第一〇九回〜第二九六回）鋭意筆録に努め、事実上の編著者となり、本書の刊行によってその名声を高め得た。

本書の執筆者円城寺清に触れておきたい。円城寺は大隈と同じく佐賀県出身で、小城郡晴田村一二一番地がその本籍である。郷里の山に因み天山と号した。明治三年十一月を以て生れ、二五年東京専門学校（早稲田大学の前身）の邦語政治科（英語兼修）を優秀な成績で卒業し、直ちに郵便報知新聞社に入った。即ち、早くも翌年にこの「大隈伯昔日譚」の筆録者としての大任に抜擢され、若くしてその才腕を発揮する機会に恵まれたわけである。連載完結後、折からの日清戦争にともなう臨時帝国議会の開催地たる広島に特派員として赴いたが、ほどなく立憲改進党々報局に移り、その『立憲改進党々報』主幹となった。また、二九年三月進歩党結成に際し、その政務調査委員となり院外民党の有志の一人として各地に遊説を試み大いに党勢の拡張に努め、傍ら『東洋経済新報』記者をもつとめた。後、三一年六月自由・進歩両党合同して憲政党が組織されるや、その機関誌『憲政党々報』の編集を主宰した。また更に党のために地方遊説に努めた外、同党東京支部常務幹事として大いに尽力するところがあった。党が分裂して憲政党・憲政本党の二党となるに及び、『憲政本党々報』の主任記者となり一層党の為に尽した。この間、特に三一年十二月には山県内閣の地租増加案反対の急先鋒となって、地租増徴反対同盟会の常任幹事となり、『地租増加反対の理由及反対運動の顛末―附、自由党（憲政党）堕落の顛末』（明治三二年一月、発行者田中基臣）を著わし、山県内閣の暴戻を徹底的に攻撃し、板垣一派を大いに難詰した。翌三二年二月、かの「趣味と実益との無尽蔵」と冠した『萬朝報』の論説記者となり、主として財政経済を担当し、縦横の筆をふるって幸徳秋水・堺利彦・内藤湖南らと共に時事を評論すること十年にわたった。このように朝報社に入り専ら力を新聞に注ぐの余、その間、普通選挙同盟会・国民同盟会・対露同志会・講和問題同盟連合会・同志記者倶楽部・国民後援会・丁未倶楽部等の有力メンバーとなり、また足尾鉱毒事件救援の推進者として、行動する言論人として終始した。更に、四十年三月には島田三郎・石川半山らと政界革新同志会を創設し、その常任委員として活動の中心的存在となり、各地の同志間に遊説した。

円城寺の主著は言うまでもなくこの『大隈伯昔日譚』であるが、他に『地租全廃論』（明治三六年四月、哲学書院）、『財政整理案』（明治三六年四月、哲学書院）があり、両書には操觚界きっての財政通としての円城寺の面目が躍如としている。両書は共に『萬朝報』連載の論文（前者は三六年二月十八日号〜同年三月十日号、後者は同年三月二八日号〜同年四月五日号）を増補訂正した姉妹篇をなすもので、思い切った卓説を披瀝している。他に『韓国事情』、『日本の富』があるが私は未見である。政治財政経済に就て一家の見を有し健筆を以て世に知られた円城寺は、四一年十月二一日まだ人間働きざかりの三八才にして不惑に上ることなく急逝した。『太陽』は浅田江村が、『萬朝報』は黒岩周六が、早稲田大学は学長高田早苗がその死を痛哭しているのをみても、如何に人材であったかがわかる。円城寺は『萬朝報』に在っては秋水・利彦らのような社会主義者の一派ではなかったが、その論説行動よりみて戦闘的なブルジョア民主主義者としての性格を有していた。

最後に、初版刊行以来今回の復刻に至るまでの間における本書の出版経過について記しておく。

明治二八年六月初版発刊以降、本書はまず大正三年一月に天山の実弟円城寺良（『太平洋』『実業界』記者）の「序」を付して新潮社より刊行され、これが大隈の死去にともない、同十一年一月全く同じ体裁で書名のみ『大隈侯昔日譚』と改められて再度同社より刊行された。「伯」を「侯」と改めたのは、大隈が大正五年に侯爵に陞授されたためである。本書のつづきをなす大隈の自叙伝『大隈侯昔日譚』（松枝保二編、大正一一年三月、報知新聞社出版部刊）とは同名にして異書であることは言うまでもない。この後、本書は昭和十三年十一月、大隈生誕百年祭の挙行にともない冨山房より百科文庫の第五一巻として、京口元吉の校訂で刊行され、更に、戦後四四年十月に新たに抄録をもって現代文に翻案された形で、木村毅監修、中西敬二郎校訂により大隈重信叢書第二巻として早稲田大学出版部より刊行されている。しかし、本書は翻案のものを除き、初版は勿論のこと再刊書もこれまで容易に入手できない稀覯書となっていたのである。

右の意味からも、本書の今回の復刻刊行は単に大隈没後五十年記念、早稲田大学創立九十年記念にとどまることなく、学界の多年の要望に応えて広く近代日本政治史研究者に対して一等資料を呈し、これに寄与するものであることを確信するものである。（完）

（一九七二年三月発表）

おわりに

本書は、以下に記す方々と機関のお蔭によって勉学と発表の機会を与えられたものである。各論考の初出の掲載書・雑誌とその発行所は次のとおりである。

第一章　思　想

第一節「伝統と近代―「民権」・「国権」論から「愛国」・「汎愛」論へ、政教社を中心に―」(西田毅編『近代日本のアポリア―近代化と自我・ナショナリズムの諸相―』〈シリーズ・近代日本の知　第二巻〉、二〇〇一年二月、晃洋書房)

第二節「小野梓―近代日本形成期に「国民」像を構想―」(『新鐘』第五四号〈シリーズ・歴史を変えた早稲田人〉、一九九六年五月、早稲田大学学生生活センター)

第三節「天山円城寺清略伝―『大隈伯昔日譚』復刻に寄せて―」(『早稲田大学史記要』第五巻、一九七二年三月、早稲田大学大学史編集所)

第四節「大隈重信と福沢諭吉の初対面」(『早稲田大学史記要』第四巻、一九七一年三月)

第二章　政　治

第一節「明治十四年の政変」(木村毅先生に一九七三年二月一〇日稿として提出した未発表論文)

第三章　史　学

第一節「民間学と歴史学―明治〜昭和初年の「明治文化」の検討を中心に―」（二〇〇七年三月稿の未発表論文）

第四章　私　学

第一節「慶応義塾の経営危機」（木村毅先生に一九七三年三月一五日報告として提出した未発表論文）

第五章　人　物

第一節「近代日本の『民間学事典』の人名・事項」（鹿野政直・鶴見俊輔・中山茂編『民間学事典』〈人名編・事項編〉、一九九七年六月、三省堂）

第六章　解　題

第一節「島田三郎「演説(1)(2)」・「序文」解題（佐藤能丸編『島田三郎全集』第七巻）内山秀夫編集代表『編集復刻・増補版　島田三郎全集』全七巻、一九八九年五月、龍渓書舎）

第二節　復刻版『大隈伯昔日譚』解題（早稲田大学大学史編集所監修『大隈伯昔日譚』、一九七二年三月、明治文献）

以上のように、各論考は各発行所・出版社の方々に大変お世話になって執筆されたものである。

各論考発表に際し、大変お世話になった方々（当時・本書掲載順）は、同志社大学教授西田毅先生・『早稲田大学百年史』総編集者木村毅先生・電気通信大学教授安田常雄先生・早稲田大学教授鹿野政直先生・慶応義塾大学教授内山秀夫先生の各先生方と発行所関係（本書掲載順）は、晃洋書房・早稲田大学学生生活センター・早稲田大学大学史編集所・三省堂・龍渓書舎・明治文献の各研究・出版機関等であり、今更の如く実に有難く思っている次第であり、本書の刊行に際し改めて厚くお礼申し上げます。

最後に、多様な話題の書、類書のない史料価値の高いシリーズ本を学界・言論界に提供し、これまで私の著書の多くを刊行していただいており、本書の出版にも最大のご尽力を惜しまれなかった芙蓉書房出版代表の平澤公裕氏のご厚意に対して深く感謝申し上げます。

二〇二四年三月一七日　佐藤能丸

〔付記〕

初出論考の若干の発行所と連絡がとれなかったものを除き、各発行所・出版社から「転載許可書」をいただきました。厚くお礼申し上げます。

（二〇二四年四月二五日　佐藤能丸）

著者紹介

佐藤能丸（さとうよしまる）

1943年8月生まれ。1966年3月早稲田大学第一文学部史学科国史専修卒業。1973年3月早稲田大学大学院文学研究科日本史学博士課程（単位取得）退学。博士(文学)

〔編著書〕

『日本の近代─国家と民衆─』(共著)(1984年、梓出版社)
『島田三郎全集』第７巻(編・解題)(1989年、龍渓書舎)
『久米邦武歴史著作集』第４巻〈古文書の研究〉(共編・校訂)(1989年、吉川弘文館)
『近代日本と早稲田大学』(1991年、早稲田大学出版部)
『日本の現代─平和と民主主義─』(共著)(1994年、梓出版社)
『異彩の学者山脈─大学文化史学試論─』(1997年、芙蓉書房出版)
『明治ナショナリズムの研究─政教社の成立とその周辺─』(1998年、芙蓉書房出版)
『久米邦武文書』第１巻〈巡幸日記・文書採訪記録〉(共編・校訂)(1999年、吉川弘文館)
『文献リサーチ日本近現代史』(編)(2000年、芙蓉書房出版)
『思想史の発想と方法』〈展望日本歴史第24巻〉(共編)(2000年、東京堂出版)
『通史と史料　日本近現代女性史』(共著)(2000年、芙蓉書房出版)
『大学文化史─理念・学生・街─』(2003年、芙蓉書房出版)
『志立の明治人』上巻〈福沢諭吉・大隈重信〉・下巻〈陸羯南・三宅雪嶺・久米邦武・吉田東伍〉(2005年、芙蓉書房出版)
『私立大学の源流─「志」と「資」の大学理念─』(共編著)(2006年、学文社)
『明治時代史大辞典』全４巻(共編)(2011年～2013年、吉川弘文館)
『「明治」の断章─思想・人物・史学・私学─』(2021年、井ノ宮久之介)

「近代日本」の断章
——思想・政治・史学・私学・人物・解題——

2024年5月31日　第1刷発行

著　者
佐藤《さとう》　能丸《よしまる》

発行所
㈱芙蓉書房出版
（代表　平澤公裕）
〒113-0033東京都文京区本郷3-3-13
TEL 03-3813-4466　FAX 03-3813-4615
http://www.fuyoshobo.co.jp

印刷・製本／モリモト印刷

ISBN978-4-8295-0882-4